KB145084

빅데이터 시각화

빅데이터 시각화

하둡, R, D3.js, 태블로,
파이썬, 스플렁크로 배우는
빅데이터 시각화

제임스 밀러 지음 최준규 · 강형건 옮김

i!i
에이콘

에이콘출판의 기틀을 마련하신 故 정완재 선생님 (1935-2004)

| 지은이 소개 |

제임스 밀러 James D. Miller

IBM 공인 전문가이자 창의적인 혁신가, 수석 디렉터, 프로젝트 리더다. 35년 이상 다양한 플랫폼과 기술 전반에 걸쳐 애플리케이션과 시스템 설계, 개발 경험을 갖춰 왔다.

고객에게 새롭고 혁신적인 기술과 플랫폼을 소개하고 구축한 경험이 있으며 다음과 같은 전문 지식을 갖추고 있다. IBM 왓슨 애널리틱스, 클라우드 마이그레이션, Cognos BI, TM1 및 웹 아키텍처 설계, 시스템 분석, GUI 설계 및 테스트, OLAP, 클라이언트/서버, IBM 왓슨 애널리틱스를 활용한 웹 및 메인 프레임 애플리케이션과 시스템, IBM Cognos BI와 TM1(TM1 rules, TI, TM1Web & Planning Manager), Cognos Framework Manager, dynaSight/ArcPlan, ASP, DHTML, XML, IIS, MS Visual Basic 및 VBA, Visual Studio, Perl, Splunk, WebSuite, MS SQL 서버, 오라클, 사이베이스 서버 등을 다룬다.

윈도우와 SQL 솔루션 개발, 디자인 책임자다. 분석, GUI(그리고 웹사이트) 디자인, 데이터 모델링, 테이블, 화면/양식과 스크립트 개발, SQL 개발/테스트, 테스트 준비, 개발자 관리와 교육 등을 담당했다.

또한 DB2, Lawson, Great Plains 등 메인 프레임 시스템과 클라이언트/서버, SQL 서버 및 웹 기반 애플리케이션 간 데이터 전송 자동화, 엔터프라이즈 애플리케이션 및 데이터 소스 통합과 같은 ETL 인프라 개발 경험도 있다.

온라인 쇼핑 애플리케이션, 웨어하우스 프로세스 제어, 스케줄링 시스템, 관리 및 제어 애플리케이션을 포함한 여러 웹사이트 디자인, 개발, 품질 보증과 이관을 담당하는 애플리케이션 개발 관리자로 활동했다. 또한 CFO와 경영진에게 직접 보고하는 4억 규모의 웹 기반 재무 보고 시스템 설계, 개발, 관리를 담당했으며 프로젝트 리더, 리드 개발자 그리고 애플리케이션 개발 책임자를 비롯, 여러 리소스를 관리하고 지시하는 업무도 수행했다.

『IBM Cognos TM1 Developers Certification Guide』(Packt, 2012), 『Splunk 6 핵심 기술』(에이콘, 2015), 『IBM 왓슨 애널리틱스와 인지 컴퓨팅』(에이콘, 2016) 등의 저자다. 개인 경험을 토대로 블로그에 다양한 주제의 글을 남기고 있다. 아래의 전문 자격증을 보유하고 있는 평생 학습자다.

- IBM 공인 비즈니스 분석가 – Cognos TM1
- IBM Cognos TM1 Master 385 인증(100% 완벽한 점수)
- IBM 공인 고급 솔루션 전문가 – Cognos TM1
- IBM Cognos TM1 10.1 관리자 인증 C2020−703(100% 완벽한 점수)
- IBM OpenPages Developer Fundamentals C2020−001−KO(98%)
- IBM Cognos 10 BI Administrator C2020−622(98%)
- IBM Cognos 10 BI Professional C2020−180

이외에도 혁신적인 기술의 평가 및 도입, 클라우드 마이그레이션, 빅데이터, IBM 왓슨 애널리틱스, Cognos BI 및 TM1 애플리케이션 설계와 개발, OLAP, Visual Basic, SQL Server, 예측과 계획, 애플리케이션 개발, 비즈니스 인텔리전스, 프로젝트 개발과 납품, 프로세스 개선 전문가다.

| 기술 감수자 소개 |

데이브 웬즐 Dave Wentzel

마이크로소프트의 데이터 솔루션 설계 전문가다. 데이터 과학과 빅데이터, SQL 서버에 중점을 둔 Azure Digital Transformation을 고객에게 소개하고 컨설팅한다. 마이크로소프트 제품 그룹에 의견과 학습 내용을 등록하기도 한다. SQL 서버를 수년 동안 사용해왔으며, MDX와 SSAS는 초기 단계부터 작업했다. http://davewtnzzl.com에서 경험을 공유하고 있으며 항상 새로운 고객을 찾고 있다.

│ 옮긴이 소개 │

최준규(junkchoi.tr@gmail.com)

13년 차 소프트웨어 엔지니어로 피처폰과 안드로이드폰 등 다양한 휴대폰 소프트웨어 개발 프로젝트에 참여했다. 현재 차량 소프트웨어 개발 프로젝트를 진행 중이며 빅데이터, AI, 네트워크 프로그래밍 분야에 관심이 있다. 번역과 저술, 강연 공동체인 GoDev의 일원으로 활동 중이다.

강형건(hk.kang.kor@gmail.com)

현장에서 의료 데이터 분석과 DW 설계 업무 등을 수행했다. 최근 데이터 분석과 시각화 교육 자료 개발에 중점을 두고 교육 혁신 스타트업을 준비 중이다. 기술 전문가 그룹 GoDev 멤버로도 활동 중이며, 에이콘출판사에서 출간한 『CoffeeScript Application Development Cookbook』(2016)을 번역했다.

데이터 시각화^{data visualization}는 데이터 분석 결과를 쉽게 이해할 수 있도록 시각적으로 표현하고 전달하는 일련의 과정을 뜻합니다. 그 과정에는 여러 가지 시각화 도구와 언어를 활용하는데, 이 책은 데이터 시각화의 기초 지식을 바탕으로 오픈소스인 R, 파이썬, 태블로, 스플렁크 등 다양한 언어와 도구를 다룹니다. 독자 여러분은 이 책에 소개된 내용을 이정표 삼아 각자에게 맞는 시각화 도구를 선택할 수 있을 것입니다.

도표를 흑백으로 인쇄해 출간하는 점 양해를 구합니다. 내용을 이해하기에 무리가 없다고 판단합니다만, 컬러 도표가 필요하다면 아래의 사이트에서 컬러 PDF 파일의 도표를 참고해주시기 바랍니다.

http://www.acornpub.co.kr/book/big-data-visualization

이 책이 데이터 시각화를 익히기 시작한 분들께 작은 보탬이 되기를 소망합니다.

| 차례 |

7장 파이썬을 사용해 이상점 다루기 255

| 들어가며 |

빅데이터를 효율적이고 효과적으로 시각화하는 데 필요한 개념을 이해하고 모델을 설정하는 것은 까다롭지만 얻지 못하는 것은 아니다. 안타깝게도 기본 기능을 갖춘 많은 데이터 시각화 도구는 빅데이터로 작업할 때 다소 비효율적이다.

기초 분석 개념을 익히고 가장 널리 알려진 오픈소스와 도구를 사용해 도전 과제를 해결하고 더 나은 의사 결정을 지원할 수 있는 빅데이터 시각화 방법을 배워보자.

▌ 이 책의 대상 독자

데이터 분석가 혹은 빅데이터 분석의 기초 지식을 바탕으로 빅데이터 시각화에 대한 흥미로운 접근 방법을 배우려는 독자를 대상으로 한다. 하둡Hadoop과 같은 빅데이터 플랫폼 도구와 R과 같은 프로그래밍 언어를 어느 정도 알고 있다면 이 책에 나오는 다양한 기술을 기반으로 빅데이터 시각화에 특화된 도전 과제를 해결할 수 있는 다양한 접근법을 배울 수 있다.

▌ 이 책에서 다루는 내용

1장, 빅데이터 시각화 소개 데이터 시각화를 간단히 설명하고 데이터 시각화 개념을 알아본다.

2장, 하둡을 사용한 데이터 접근, 속도, 저장　대용량 데이터에 접근하고, 저장할 때 직면할 수 있는 도전 과제에 관한 설명과 실행 예제를 통해 다양한 해결 방법을 소개한다.

3장, R을 사용한 데이터의 이해　R을 사용해 빅데이터에 문맥을 추가하는 개념을 설명한다.

4장, 빅테이터 품질 다루기　분류된 데이터 품질과 빅데이터로 인해 발생할 수 있는 품질 문제에 관한 설명과 예제를 통해 그 해결 방법을 제공한다.

5장, D3를 사용해 결과 표시하기　빅데이터 분석 프로젝트의 결과를 웹 브라우저와 데이터 기반 문서^{D3, Data-Driven Documents}를 활용해 표현할 수 있는 데이터 시각화 절차를 설명한다.

6장, 빅데이터를 위한 대시보드-태블로　대시보드를 구성할 수 있는 데이터 시각화 도구인 태블로^{Tableau}에 관한 소개와 실행 예제를 통해 빅데이터 분석 결과를 실시간 대시보드 형태로 표시하는 방법을 설명한다.

7장, 파이썬을 사용해 이상점 다루기　빅데이터 시각화와 관련된 이상점과 기타 변칙 사례 처리 방법을 설명하고 파이썬으로 작성된 실행 예제로 효과적인 데이터 처리 방법을 제공한다.

8장, 빅데이터 운영 인텔리전스 구축하기-스플렁크　스플렁크^{Splunk}를 활용해 빅데이터의 가치를 높일 수 있는 운영 인텔리전스 구축 예제를 제시한다.

▌ 준비 사항

이 책에 사용된 대부분 도구와 기술은 오픈소스이며 무료로 제공된다. 그 외에는 무료 평가판을 제공한다. 이 책과 데이터 분석(또는 기초 프로그래밍 개념)에 관한 기초 지식을 바탕으로 빅데이터 시각에 관한 통찰력을 얻을 수 있다.

예제 코드 다운로드

이 책에 사용된 예제 코드는 http://www.packtpub.com/support를 방문해 이메일을 등록하면 파일을 직접 받을 수 있으며, 원서의 Errata도 확인할 수 있다.

GitHub의 https://github.com/PacktPublishing/Big-Data-Visualization에서도 다운로드할 수 있다. 코드가 업데이트되는 경우에는 GitHub 저장소의 코드가 업데이트될 것이다.

또한 에이콘출판사의 도서정보 페이지인 http://www.acornpub.co.kr/book/big-data-visualization에서도 예제 코드를 다운로드할 수 있다.

컬러 이미지 다운로드

이 책에서 사용된 스크린샷/다이어그램의 컬러 이미지를 포함하고 있는 PDF 파일을 제공한다. 컬러 이미지를 보면 내용을 이해하는 데 도움이 될 것이다. https://static.packt-cdn.com/downloads/BigDataVisualization_ColorImages.pdf에서 해당 파일을 다운로드할 수 있다.

또한 에이콘출판사의 도서정보 페이지인 http://www.acornpub.co.kr/book/big-data-visualization에서도 다운로드할 수 있다.

▌ 편집 규약

이 책에는 여러 종류의 정보를 구별하는 서식이 있다. 다음은 이러한 서식의 예와 그 의미에 관한 설명이다.

본문의 코드 단어, 데이터베이스 테이블 이름, 폴더 이름, 파일 이름, 파일 확장명, 경로 이름, 더미 URL, 사용자 입력은 다음과 같이 표시한다.

"다음 코드는 링크를 읽고 BeautifulSoup 함수에 할당한다."

코드 블록은 다음과 같이 표시한다.

```
for row in reader:
  if (row['Denomination']) == 'Penny':
    if int(row['Coin-in'])<2000:
      x += int(row['Coin-in'])
    row_count += 1
```

코드 블록의 특정 부분에 주의를 기울여야 할 때 관련 행이나 항목을 굵게 표시한다.

```
row_count = 0
  aver_coin_in = 0.0
  x = 0.0
  y = 999
  z = 0.0
```

새로운 용어와 **중요한 단어**는 굵게 표시한다. 메뉴 또는 대화상자와 같이 화면에 표시되는 단어는 본문에 다음과 같이 표시한다.

"새 모듈을 다운로드하려면 Files ❯ Settings ❯ Project Name ❯ Project Interpreter 메뉴를 선택한다."

 경고나 중요한 노트는 이와 같이 나타낸다.

 팁과 요령은 이와 같이 나타낸다.

▌독자 의견

독자 의견은 언제나 환영한다.

오탈자: 내용의 정확성을 위해 모든 노력을 기울였음에도 오류가 있을 수 있다. 이 책에서 잘못된 것을 발견하고 전달해준다면 매우 감사할 것이다. http://www.packtpub.com/submit-errata에서 해당 책을 선택하고 **Errata Submission Form** 링크를 클릭한 다음 발견한 오류 내용을 입력하면 된다.

저작권 침해: 어떤 형태로든 불법 복제물을 인터넷에서 발견한다면 적절한 조치를 취할 수 있도록 해당 주소나 사이트명을 알려주길 바란다. 의심되는 불법 복제물의 링크는 copyright@packtpub.com으로 보내주길 바란다.

질문: 이 책과 관련해 질문이 있다면 questions@packtpub.com으로 문의하길 바란다. 한국어판에 관한 질문은 에이콘출판사 편집 팀(editor@acornpub.co.kr)이나 옮긴이의 이메일로 문의하길 바란다.

빅데이터 시각화 소개

1장에서는 데이터 시각화에 관한 간단한 설명과 함께 일반적으로 받아들여지는 다양한 데이터 시각화 개념을 간략히 소개한다.

이어서 데이터를 시각화할 때 빅데이터로 인해 직면할 수 있는 도전 과제를 알아보고, 빅데이터 소스를 사용해 의미 있는 시각화를 성공적으로 생성할 수 있는 여러 가지 접근 방법을 살펴보자.

1장을 마치면 이 책에 수록된 실용적인 빅데이터 시각화 예제를 시작할 준비가 돼 있을 것이다. 각 예제는 특정 빅데이터 시각화 주제에 초점이 맞춰져 있다. 해당 주제의 설명 또는 도전 과제 해결을 위해 엄선된 트렌드 도구와 기술을 사용할 예정이다(이 책에 거론되지 않은 도구나 기술도 있음을 유의하자).

1장에서 다루는 내용은 다음과 같다.

- 데이터 시각화의 개념
- 전통적인 데이터 시각화의 개념
- 빅데이터 시각화의 도전 과제
- 빅데이터 시각화를 위한 접근법

▌ 데이터 시각화의 개념

데이터 시각화란 무엇인가? 두 개의 단어를 쪼개 의미를 살펴보면 '데이터'는 정보 또는 숫자를 의미하고 '시각화'는 다음 그림과 같이 정보를 눈에 보이게 표시하는 것이다.

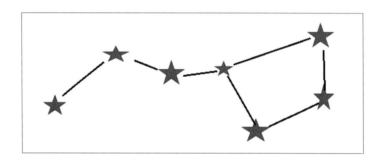

데이터 시각화를 정의할 때 가장 간단히 사용할 수 있는 예제는 밤하늘의 별들 사이에 선을 그어 이미지를 생성하는 것이다.

하늘에 떠 있는 수십억 개의 별 중에 몇 개의 별을 관심 있는 데이터 포인트로 가정하고, 특별한 순서로 연결해 별자리를 만드는 것을 상상해보자.

이것이 바로 데이터 시각화다!

요즘 업계에서 데이터 시각화는 많은 분야에서 시각적 커뮤니케이션^{visual communication}과 같은 의미로 여기고 있다.

그렇다면 시각적 커뮤니케이션이나 데이터 시각화를 하는 주된 목적은 무엇인가?

데이터 시각화를 활용할 때 가장 중요한 점은 복잡한 것을 간단하게 보여주는 것이다. 또는 앞서 소개한 별자리 예제처럼 익숙하지 않은 사람에게 데이터 패턴을 더 잘 보이게 도와주는 것이다.

데이터 시각화가 특정 요점을 전달하거나 복잡한 대량의 데이터를 단순화할 때 반드시 이용하는 것은 아니다. 그러나 어떤 면에서는 데이터 시각화가 오늘날의 세계에서 필요할 것이다. 대부분 워크시트나 스프레드시트 또는 보고서를 분석하는 것보다 차트나 그래프를 보는 것이 훨씬 쉽다는 것에 동의할 것이다. 또한 데이터를 차트로 표현했을 때 더 많은 양의 데이터를 더 빠르게 파악할 수 있다. 따라서 데이터 시각화는 개념을 전달할 때 보편적인 방식으로 사용자에게 빠르게 요점을 인지하게 하는 방법이다.

데이터 시각화를 사용하는 추가적인 동기는 다음과 같다.

- 데이터를 설명하거나 데이터를 문맥에 맞게 표현하기(예: 인구 통계 강조)
- 특정 문제 해결하기(예: 특정 비즈니스 모델 내의 문제 영역 식별)
- 데이터를 좀 더 정확하게 파악하거나 투명성 높이기(예: 데이터 기간 파악)
- 보이지 않는 데이터를 강조하거나 표시하기(예: 데이터에 상주하는 이상점 격리)
- 예측하기(예: 계절성 매출 통계 기반으로 잠재적 판매 수량 예측)

컴퓨터, 기술, 기업 비즈니스 환경이 급변하고 있는 오늘날의 (앞으로도 더 빠르게 변할 것으로 예측되는) 상황에서 데이터 시각화 기술의 미래는 어떻게 변할 것인가?

마케팅 분석가 윌 타울러Will Towler는 2015년에 쓴 칼럼 〈Data Visualization: The future of data visualization(데이터 시각화: 데이터 시각화의 미래)〉에서 다음과 같이 예측했다.

> "데이터 시각화가 새로운 시대로 접어들고 있다. 신흥 정보원 및 이론과 다차원 이미지 처리 기술의 발전으로 분석과 통찰력이 제공할 수 있는 잠재적 가치를 재구성하는 데 시각화가 핵심 역할을 담당하고 있다."

빅데이터 분야가 점점 커지고 있는 상황에서 데이터 시각화의 사용은 지속해서 성장하고, 발전하고, 뛰어난 가치를 창출할 것이다. 이에 따라 데이터 시각화의 절차와 실행에 접근하는 방법도 확장하고 발전시켜야 한다.

데이터 시각화의 전통적 개념

여기서는 이 책에서 말하는 '전통적'의 의미를 먼저 짚어보자.

이 책에서 '전통적'이 의미하는 바는 시간이 지남에 따라 산업 내에서 일정 수준의 성공과 함께 데이터 시각화를 위해 사용된 아이디어와 방법이다.

매일 새로운 기술과 사례가 발견, 개발, 배포돼 더 독창적인 실시간 (또는 근 실시간) 데이터 시각화를 수행하기 위해 새롭고 다양한 옵션을 제공하고 있지만, 데이터 시각화의 기본 개념을 이해하는 바는 여전히 중요하다.

데이터 시각화의 기본 개념을 이해한 다음에는 올바르거나 가장 효과적인 시각화 기법을 선택할 수 있어야 한다.

올바른 선택을 하기 위해서는 일반적으로 다음 사항을 확립해야 한다.

- 시각화할 데이터의 크기와 규모는 얼마나 되는가?
- 데이터의 흐름과 맥락은 무엇인가?
- 전달하고자 하는 요점은 무엇인가?
- 대상은 누구인가? 누가 해당 정보를 사용할 것인가?
- 어떤 종류의 시각이 메시지를 사용자에게 가장 잘 전달할 수 있을 것인가?

 현실적으로 사용된 접근법이나 방법이 때로는 시간과 예산에 전적으로 근거한다.

일반적으로 가장 잘 알려진 시각화 방법과 유형은 다음과 같다.

- 표^{table}
- 막대그래프^{histogram}
- 산점도^{scatter plot}
- 선, 막대, 파이, 영역, 흐림, 버블 차트
- 데이터 계열 또는 차트 조합
- 타임라인^{time line}
- 벤 다이어그램^{Venn diagrams}, 데이터 순서도^{data flow diagrams}, 개체 관계도^{ER, entity relationship diagram}

앞서 언급했듯이 수요가 발생함에 따라 새롭거나 덜 알려진 방법이 점차 주류가 되고 있다.

주류가 된 새로운 방법은 다음과 같다.

- 단어^{word}/문서^{text}/태그 구름^{tag cloud}
- 네트워크 다이어그램^{network diagrams}
- 평행좌표^{parallel coordinates}
- 트리 매핑^{tree mapping}
- 콘 트리^{cone trees}
- 의미망^{semantic networks}

각각의 데이터 시각화 방법과 유형은 특정 시나리오나 대상에 따라 그 밖의 것보다 더 적합할 수 있다. 데이터 시각화의 적절한 선택법은 경험과 약간의 시행착오를 바탕으로 배울 수 있다.

교육 기회

데이터 시각화의 인기 덕분에 많은 공식적인 교육 기회가 존재하며 매일 새롭고 독특한 교육 과정이 생기고 있다.

데이터 시각화 교육에서 다루는 주제는 다음과 같다.

- 사용자 집중시키기
- 데이터 이해하기
- 정보 계층 구조 결정하기
- 스케칭sketching과 와이어 프레이밍wire framing
- 설명 정의하기

▌ 빅데이터 시각화의 도전 과제

지금까지의 내용은 데이터 시각화에 대한 어느 정도의 배경지식을 가지고 있다는 가정하에, 해당 지식을 상기시키고 이 책을 읽는 목적을 확고히 하기 위한 과정이었다.

빅데이터

먼저 빅데이터란 무엇인지 정의해보자.

빅데이터를 정의하거나 참조할 때, 전통적인 데이터 처리 응용프로그램을 사용하기에 너무 큰 데이터와 데이터셋의 집합이나 우리 삶의 모든 측면에 대한 데이터가 사용된다.

시장조사업체 가트너Gartner의 분석가 더그 레이니Doug Laney는 2001년에 3V 개념을 소개했다(참고: http://blogs.gartner.com/doug-laney/files/2012/01/ad949-3D-Data-Management-Controlling-Data-Volume-Velocity-and-Variety.pdf). 더그 레이니는 3V를 규모Volume, 다양성Variety, 속도Velocity로 정의했고, 이는 규모(측정 가능한 데이터의 양), 다양성(데

이터 유형의 수), 속도(데이터 처리 속도)를 축으로 빅데이터의 차원을 구성한다.

앞서 설명한 개념에 따르면 빅데이터의 모든 측면이 점점 복잡해지면서 빅데이터의 차원이 증가하거나 확장됨에 따라 효과적으로 데이터를 시각화하는 것도 어려워진다.

엑셀을 이용한 데이터 측정

다음 그림을 보고 엑셀Excel은 데이터가 빅데이터로 적합한지를 판단하는 도구가 아니라는 점을 명심하자.

마이크로소프트 엑셀을 사용하기에 너무 큰 데이터라고 해서 반드시 빅데이터라고 할 수 없다. 실제로 요즘 저렴한 저장 비용 덕분에 다양한 기술과 기업용 소프트웨어, 심지어 오픈소스 도구로도 기가바이트GB 단위의 데이터를 관리할 수 있다. 접근법이나 기술을 선택하기 전에 분석 또는 시각화 프로젝트에서 사용할 데이터의 크기를 예상 데이터 증가율을 고려해 현실적으로 측정하는 것이 중요하다.

빅데이터를 더 높은 수준으로 확대하기

다음 그림처럼 앞서 언급한 규모, 다양성, 속도는 빅데이터를 미래에도 계속 사용하게 만들 것이다.

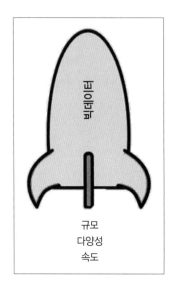

빅데이터

규모
다양성
속도

3V

그럼 이제 3V를 자세히 살펴보자.

규모

규모란 얼마나 많은 것이 있는지 또는 빅데이터라면 얼마나 많은 것이 있을 것인지 결정하거나 계산하는 것이다. 다음은 빅데이터의 규모와 대조되는 예다.

달의 먼지는 얼마나 빨리 쌓일까?

과학 전문 기자 메건 개논[Megan Gannon]이 2014년 쓴 글(http://www.space.com/23694-moon-dust-mystery-apollo-data.html)에 따르면, 40년 전 미 항공우주국[NASA] 아폴로 임무 자료는 "달의 먼지는 얼마나 빨리 쌓일까?"라는 오래된 질문에 과학자가 대답하는 데 도움을 줬다. 정답은 "달의 먼지는 1000년 동안 약 1mm 쌓인다"이다. 빅데이터는 달의 먼지보다 훨씬 빨리 쌓인다!

빅데이터는 마우스 클릭 한 번으로 수백만 명의 사람과 기계에서 생성된 수십억에서 수조 개의 레코드record로 구성돼, 페타바이트petabyte(1,024테라바이트) 혹은 엑사바이트exabyte(1,024페타바이트) 단위로 늘어난다.

정형 또는 관계형 데이터베이스 기술이 1페타바이트까지 확장 가능한 응용프로그램을 지원한다고 보고되고 있지만, 이러한 규모를 처리하기가 쉽지 않을 것이며 빅데이터의 축적 속도는 가까운 시일 안에 늦춰지지 않을 것이다(참고: http://blog.sqlauthority.com/2013/07/21/sql-server-what-is-the-maximum-relational-database-size-supported-by-single-instance/).

빅데이터의 규모는 점점 더 커지고 있으며 아직 최대치에 가까이 가지도 못했다!

속도

속도는 무언가 발생하는 비율이나 빠르기다. 측정된 속도 경험은 일반적으로 시간이 지남에 따라 변한다. 속도는 결과에 직접적인 영향을 미친다.

이전에는 "가장 인기 있는 제품이 무엇인가?"와 같은 질문을 제기하고 IT 부서에 제출하면 야간 영업이 처리되기를 기다린 뒤 대략 24시간 뒤에 답변을 받는 배치 환경batch environment에서 살고 일했다. 이러한 비즈니스 모델은 소셜미디어나 모바일 애플리케이션과 같이 실시간으로 데이터를 기록하고 수집하는 많은 새로운 데이터 소스가 있는 현재 환경에 적합하지 않다. 실제로 질문에 관한 답변은 24시간 이내에 변경될 수 있기 때문이다(일례로 인터넷에서 검색할 수 있는 현재 추세 정보와 같이 시시각각 정보가 변할 수 있다).

사물인터넷IoT 같은 업계의 뜨거운 주제를 고려할 때 이러한 속도는 더욱 빨라질 것으로 예측된다.

다양성

앞서 언급한 관계형 데이터베이스는 VCHAR, CLOB, BLOB 필드에 텍스트를 포함할 수 있지만 일반적으로 고도로 정형화된 것으로 간주한다.

오늘날의 데이터, 특히 빅데이터는 많은 종류의 데이터 소스에서 파생되며 데이터가 구성되는 수준은 데이터 소스마다 크게 다르다. 실제로 데이터가 지속적으로 구조를 잃어버리고 계속해서 수백 가지 또는 그 이상의 새로운 형식과 구조(예: 사진, 오디오, 비디오, 웹, GPS 데이터, 센서 데이터, 관계형 데이터베이스, 문서, SMS, pdf, 플래시 등)가 증가하는 추세다.

분류

분류 과정은 데이터 소스를 이해하는 데 도움이 된다.

업계에서는 일반적으로 빅데이터를 정형 데이터와 비정형 데이터 두 그룹으로 분류한다. 그러나 분류는 여기서 끝나지 않는다.

일부 연구 조사는 이러한 두 가지 종류의 데이터를 세분화하기 위한 몇 가지 새로운 용어를 제시한다.

정형 데이터는 생성, 유발, 트랜잭션, 컴파일, 실험과 같은 하위 범주로 세분화하며 비정형 데이터는 캡처 그리고 제출과 같은 하위 범주로 나눈다(이는 빅데이터 유형을 분류하기 위한 현재 유행 용어 중 몇 가지이며 더 많은 용어가 존재한다).

다양한 빅데이터의 도전 과제를 해결하는 데 도움이 되는 다음의 데이터 형식을 알아보자.

1. **생성**created **데이터**: 포커스 그룹 설문 조사나 웹사이트 사용자에게 익명 접근을 허용하는 대신 사이트에 계정을 만들게 하는 것과 같은 목적을 위해 만들어진 데이터다.
2. **유발** provoked **데이터**: 고객이 제품 리뷰 양식을 작성하는 것처럼 주제에 관한 개인의 견해를 표현할 기회를 제공하는 것과 같이 어떠한 형태의 자극 후에 수신된 데이터다.

3. **트랜잭션**^{transactional} 데이터: 판매 거래 기록과 같이 데이터베이스 트랜잭션으로 설명되는 데이터다.

4. **컴파일**^{compiled} 데이터: 신용 점수와 같이 특정 주제로 수집한 (또는 컴파일된) 정보로 설명되는 데이터다.

5. **실험**^{experimental} 데이터: 새로운 통찰력을 찾기 위해 데이터나 데이터 소스를 실험하는 것으로 설명되는 데이터다. 예를 들어 판매 거래를 마케팅, 판촉 정보와 결합하거나 연관 지어 잠재적인 상관 관계를 파악할 수 있다.

6. **캡처**^{captured} 데이터: 구글에 검색어를 입력할 때처럼 사용자의 동작으로 인해 수동으로 생성된 데이터다.

7. **사용자 생성**^{user-generated} 데이터: 트위터, 페이스북, 유튜브처럼 개인이 생성한 데이터로, 캡처된 데이터와 달리 사용자가 자발적으로 생성한다.

요약하자면 빅데이터는 일반적이거나 예상되는 어떤 형식이 아니며, 데이터를 정형화하는 데 들이는 시간이 이제는 가치가 없음을 입증한다.

3V와 분류

앞서 언급한 것 외에도 빅데이터가 특히 데이터 시각화 작업을 할 때 직면하는 도전 영역이 있다. 예를 들어 데이터 품질과 이상점을 효과적으로 처리하고 결과를 의미 있는 방식으로 표시할 수 있는 능력 등이다.

하나하나 간략하게 살펴보자.

데이터 품질

거의 모든 것의 가치는 품질 수준에 정비례하며 높은 품질은 더 높은 가치를 의미한다.

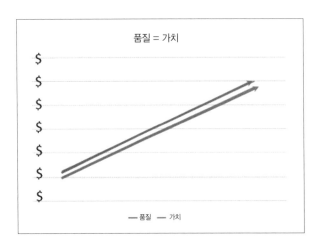

데이터도 마찬가지로 품질이 확실한 경우에만 가치가 있다고 증명될 수 있다.

데이터 품질의 일반 영역은 다음과 같다.

- 정확도
- 완성도
- 업데이트 상태
- 관련성
- 소스 간 일관성
- 신뢰성
- 적합성
- 접근성

데이터의 품질은 입력, 저장, 관리 방식에 영향받을 수 있다. 품질 보증 혹은 데이터 품질 보증DQA, Data Quality Assurance이라 부르는 데이터 품질 처리 과정에서 데이터를 정기적으로 검토하고 평가해야 하며, 프로파일링profiling과 스크러빙scrubbing이라는 처리 절차를 수행해야 한다(이러한 처리 절차는 데이터가 여러 시스템에 따로 저장돼 있어 처리가 어렵더라도 중요하다).

효과적인 데이터 프로파일링과 스크러빙은 매우 크고 축적된 데이터셋 속에 깊이 숨겨진 복잡한 품질 문제를 처리할 수 있는 유연하고 효율적인 기법이 필요하다.

빅데이터(규모, 속도, 다양성 수준)는 복잡하기 때문에 데이터 품질 보증 절차가 얼마나 문제가 되고 제한적일지 쉽게 예측할 수 있을 것이다.

이상점 다루기

다음은 그룹과 분리된 (그림상 오른쪽) 외로운 점 하나를 표현해서 이상점outlier의 개념을 소개하는 간단한 그림이다.

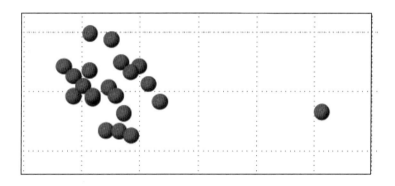

코릴레이션 원Correlation One의 설립자 겸 최고경영자 샴 무스타파Sham Mustafa는 이상점에 대해 다음과 같이 언급했다.

> "데이터를 해석하려는 사람은 이상점을 신경 써야 한다. 데이터가 재정적이거나 사회학적, 의학적, 심지어 품질인지는 중요하지 않다. 해당 데이터 또는 정보에 관한 분석은 이상점의 존재와 영향을 고려해야 한다. 변이성이나 에러를 나타내는 이상점(나머지 데이터와 떨어진 데이터)을 식별하고 처리해야 한다."

다시 설명하자면 이상점은 전체 데이터에서 다른 관측치(또는 데이터 포인트)와 거리가 멀거나 크게 다른 관측점이다.

이상점이 식별되면 다른 파일로 옮기거나 다른 합리적 혹은 적절한 값으로 대체하는 것이 일반적으로 이상점을 처리하는 방법이다. 이러한 이상점 처리 방법은 아마도 그렇게 복잡한 과정은 아니지만, 페타바이트 이상의 데이터에서 이상점을 식별하고 처리하기 위한 공정은 도입하기 전에 심각하게 고심을 거듭해야 한다.

의미 있는 디스플레이

다음 차트는 단어나 문서 대신 정보를 전달할 때 시각화의 힘을 명확히 보여준다.

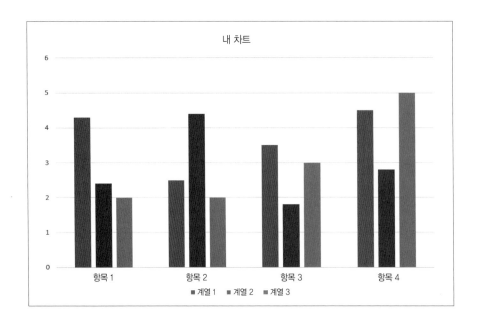

"백문이 불여일견"과 "보는 것이 믿는 것이다"라는 두 가지 속담은 데이터 시각화의 힘을 잘 설명해준다.

〈Data Visualization: Getting Value from Information(데이터 시각화: 정보로부터 가치 얻기)〉(2014)이라는 칼럼에서는 다음과 같이 데이터 시각화를 설명한다.

"데이터 시각화의 핵심은 눈앞에 데이터를 생생하게 보여주는 것이다."

오늘날 비즈니스를 성공적으로 수행하려면 조직이 모든 유용한 데이터 저장소를 활용해 관련 정보를 신속하게 찾고 분석함으로써 징후와 통찰력을 찾아야 한다.

데이터 시각화는 개인이 분석을 수행하고 주요 동향이나 이벤트를 식별하고 좀 더 신속하게 확신 있는 의사 결정을 내릴 수 있게 도와주는 핵심 기술이다. 실제로 데이터 시각화는 비즈니스 인텔리전스[BI, Business Intelligence]의 시각적 표현으로 일컬었으며 산업 연구 분석가 린제이 와이즈[Lyndsay Wise]는 2013년 기사에서 다음과 같이 말했다.

> "현재 사용자가 데이터 시각화를 사용해 달성할 수 있는 것이 많지만 미래에 사용될 양에 비하면 빙산의 일각일 뿐이다."

자세한 내용은 다음 링크를 참조하자.

https://tdwi.org/articles/2013/04/02/Data-Visualization-Boosts-BI-Value.aspx

네 번째 V 추가하기

정확성[veracity]은 빅데이터의 품질 수준을 설정하고 개선한다는 개념으로 네 번째 V로 분류할 수 있다. 빅데이터에서의 데이터는 이질적이고 크며 형식이 다양하다. 또한 빠르게 축적되고 변경돼 불확실성과 신뢰성에 대한 의심을 일으킨다. 빅데이터와 수반되는 불확실성으로 인해 가치 있는 데이터가 배제되거나 간과될 수 있다.

앞서 언급했듯이 빅데이터 시각화는 방대한 정형 데이터와 비정형 데이터를 빠른 속도로 다시 생각하게 하며, 비정형 데이터는 항상 일정량의 불확실하고 부정확한 데이터를 포함하게 된다. 예를 들어 소셜미디어 데이터는 특징적으로 불확실하다.

빅데이터의 정확성을 다루는 방법은 특정 데이터셋에 대해 정확성 등급 또는 점수를 부여해 불확실하고 부정확한 빅데이터 분석을 기반으로 한 의사 결정을 피하는 것이다.

빅데이터는 기업이 데이터를 실행 가능한 통찰력으로 시각화할 기회를 기하급수적으로 제공할 수 있지만, 성공적이고 효과적으로 시각화하는 데 필요한 노력과 전문성도 함께 향상한다.

다시 한 번 같은 도전 과제가 제시된다. 끊임없이 빠른 속도로 증가하는 다양한 형식의 상상할 수 없는 수준의 데이터에서 필요한 수준의 세부 사항에 접근하기 매우 어렵다.

시각화 철학

의미 있는 표시를 위해 다음과 같은 검증된 다양한 실천 철학에 주의를 기울여야 한다(하지만 다음 항목에 국한된 것은 아니다).

- 관련 정보의 적절한 배치
- 색상의 알맞은 사용
- 소수점 배치의 정확한 정의
- 3D 효과 또는 화려한 게이지 디자인의 사용 제한

이 책은 모든 기본 데이터 시각화 기법을 다루는 것이 아니라 빅데이터 시각화 기법의 도전 과제에 초점을 맞추고 있으며, 데이터 시각화 프로세스에 대한 전반적인 지식과 경험을 가지고 있다고 가정한다. 이 주제에 관심 있다면 에드워드 터프트Edward Tufte가 도입한 데이터 잉크 비율Data-Ink Ratio의 개념을 시간 내서 살펴보자. 터프트는 『The Visual Display of Quantitative Information(양적 정보의 시각적 표시)』(Graphics Press, 2001)라는 유명한 저서에서 이 개념을 탁월하게 설명했다.

첨가 사항: 다양성

문맥 없는 데이터는 무의미하다. 이는 데이터 시각 디스플레이(또는 시각화)의 경우에도 해당한다.

예를 들어 소셜미디어에서 취득한 데이터는 사용자 인구 통계(연령, 성별, 소득 계층 등)나 플랫폼(페이스북 혹은 트위터 등) 또는 사용자(시각화를 사용하려는 대상)에 따라 완전히 다른 통찰력을 제공할 수 있다.

데이터를 이해하기 위해서는 상당한 도메인 전문 지식뿐만 아니라 데이터를 적절히 분석할 수 있는 능력도 필요하다. 빅데이터는 셀 수 없을 정도로 많은 형식과 다양한 정형/비정형 데이터로 이러한 이해를 복잡하게 만든다.

속도

데이터에 적절한 문맥을 할당할 수 있더라도 데이터가 제때 제공되지 않으면 데이터의 가용성이나 가치가 감소한다. 사용자가 데이터를 사용할 때 결과가 오래되거나 잠재적으로 유효하지 않은 경우 데이터를 찾아내고 이해하고 시각화하는 데 필요한 노력과 비용이 낭비된다. 예를 들어 정부 부처가 예산안을 작성하고 있을 때 가장 최신의 합의된 수치consensus figures가 중요하다. 정확성 없이 책정한 예산은 실제 수요에 미치지 못할 수도 있다.

빠르게 데이터를 처리할 때 발생하는 문제는 모든 데이터 분석에 존재하지만, 빅데이터 프로젝트에 관련된 데이터의 다양성과 규모를 고려할 때 더욱 두드러진다.

규모

한곳에 너무 많은 정보를 표시하면 사용자에게 혼란을 줄 수 있다. 웹 페이지나 모니터에 정보가 표시되는 공간 같은 간단한 제약이 사용자에게 과도한 데이터 포인트나 지표를 나타내 시각화의 가치를 떨어뜨릴 수도 있다.

또한 복잡한 시각적 표현 또는 많은 수의 데이터 소스를 집계하거나 가져오려고 하면 느린 성능으로 인해 지장받을 가능성이 높다. 즉, 시각화를 생성하거나 새로 고치기 위해 처리해야 하는 데이터가 많을수록 대기 시간이 길어져서 사용자의 불만족도가 높아지고 사용 가능성과 시각화의 가치가 떨어진다.

앞서 언급한 문제점 외에도 빅데이터를 다룰 때 대량 혹은 다양한 범주의 정보를 분석해 점을 그리는 것이 간단하지 않기 때문에 간단한 막대 차트 시각화를 작성하는 것조차 매우 어려울 수 있다.

데이터 시각화는 숫자와 문자의 열과 행을 포함하는 워크시트나 보고서를 사용하는 것보다 추세와 이상점을 빠르게 발견할 때 사용하지만, 언급된 도전 과제를 해결하기 위해 주의를 기울이지 않으면 이러한 기회가 물거품이 된다.

이를테면 사용자는 세로 막대형 차트와 같은 시각화를 활용해 매출이 어디로 향하는지 파악하거나 주의가 필요한 정보를 한눈에 식별할 수 있다. 하지만 20억 개의 데이터를 기록하고 차트를 작성한다고 상상해보자! 데이터를 시각화해서 처리할 수 있다 하더라도 단일 시각화 내에서 그 수많은 차트를 살펴보려는 사용자는 많은 데이터 포인트를 보는 것만으로도 큰 어려움을 느낄 것이다.

모든 문제에는 해결책이 있다

다행히 효과적인 빅데이터 시각화를 준비하고 앞서 언급한 도전 과제(다양성, 속도, 규모, 정확성)를 해결하는 데 사용할 수 있는 다양한 접근법과 전략이 있다.

몇 가지 예를 살펴보자.

- **시각화 유형 변경**: 세로 막대형 그래프를 선 차트로 전환하면 더 많은 데이터 포인트를 처리할 수 있다.
- **고수준 클러스터링**clustering **사용**: 과도한 수의 그룹을 시각화하는 대신 더 크고 광범위한 데이터 그룹을 생성해 표시한 다음 연결된 하위 차트 또는 팝업을 사용

해 선택된 그룹의 하위 그룹을 표시할 수 있다.

- **시각화에서 이상점 제거**: 이상점은 일반적으로 데이터 소스의 5% 미만을 차지하지만 방대한 데이터로 작업하는 경우 데이터의 5%는 도전 과제가 된다. 이상점을 제거할 수 있으며, 적절한 경우 별도의 데이터 시각화로 표시할 수 있다.
- **캐핑**^{capping} **사용**: 시각화에 사용할 데이터의 임곗값을 설정함으로써, 데이터의 범위를 축소해 더 작고 초점이 맞춰진 이미지를 만들 수 있다.

이러한 전략은 도움이 되지만 빅데이터로 작업할 때는 충분하지 않다.

이 책의 나머지 장에서 성공적인 빅데이터의 시각화를 위한 실용적인 접근법과 솔루션을 예제와 함께 제공한다. 1장 뒷부분에서 각 장의 내용을 개략적으로 살펴보자.

▌빅데이터 시각화 접근법

빅데이터를 시각화할 때 기본적인 기능을 갖춘 간단한 데이터 시각화 도구로는 다소 부족하다. 빅데이터를 효율적이고 효과적으로 시각화하는 데 필요한 개념과 모델은 어려울 수 있지만 얻을 수는 없는 것은 아니다.

2장부터는 유용한 접근법으로 가장 인기 있는 (혹은 현재 유행하는) 도구를 살펴볼 예정이다.

- 하둡^{Hadoop}
- R
- 데이터 매니저^{Data Manager}
- D3
- 태블로^{Tableau}
- 파이썬^{Python}
- 스플렁크^{Splunk}

이는 빅데이터 시각화의 도전 과제를 해결하고 더 나은 의사 결정을 하기 위해서다.

이 책은 데이터 분석가 혹은 데이터 분석과 시각화에 대한 최소한의 지식을 보유하고, 분석을 좀 더 유용하고 가치 있게 만들고 이를 바탕으로 재미까지 느끼기 위해 빅데이터 시각화를 위한 다양한 대안을 배우고자 하는 독자를 대상으로 한다.

하둡과 같은 빅데이터 플랫폼 도구 관련 지식을 보유하고 프로그래밍 언어(R, 파이썬 등)에 익숙하다면 나머지 장을 최대한 활용할 수 있을 것이다. 익숙하지 않더라도 너무 걱정하지 말자. 이 책은 모두에게 도움이 될 것이다.

접근, 속도, 저장

앞서 3V(정확성 포함)를 설명하면서 대용량과 계속 증가하는 데이터(규모)의 저장과 해당 데이터를 빠르게(속도) 접근, 조작, 관리하는 내용을 다뤘다.

2장, '하둡을 사용한 접근, 속도, 저장'에서 이 주제를 설명하고 이러한 목적으로 사용하기 위한 획기적인 기술로 하둡을 소개한다.

확장하는 데이터 크기를 처리하려면 확장된 데이터 크기를 감당하기 위해 끊임없이 시스템 자원을 확장해야 할 수도 있다. 보통 이는 임시방편에 지나지 않는다.

단일 시스템의 메모리로 처리하기에는 너무 큰 데이터를 다룰 때 일반적으로 데이터를 샘플링한다. 이는 전체 데이터셋으로부터 합리적으로 대표되는 작은 데이터셋을 추출하는 방법이다. 하둡을 사용하면 샘플링 없이 전체 데이터셋에 관해 많은 탐색적 데이터 분석 작업을 수행할 수 있어 컴퓨터 또는 노트북에서도 효율적으로 결과를 반환할 수 있다.

하둡 첫발 딛기

하둡은 컴퓨터 클러스터 전반에 걸쳐 정형/비정형 데이터에 상관없이 모든 조직 데이터 소스의 모든 접점에서 필요한 데이터를 원활하게 저장할 수 있는 기능을 제공함으로써 하드웨어 때문에 발생하는 빅데이터 저장소의 한계와 제약을 없애준다. 또한 단순한 프로그래밍 모델을 사용하며 기본적으로 무한히 확장할 수 있다.

하둡 온라인 제품 설명서에 다음과 같이 명시돼 있다.

> "이전에는 저장 비용이 너무 많이 들었던 데이터를 테라바이트당 1/10~1/50 비용으로 저장하고 분석해 비즈니스 통찰력을 향상할 수 있다."

자세한 내용은 다음 링크를 참조하자.

https://mapr.com/why-hadoop/game-changer/overview/

2장에서 하둡을 사용해 빅데이터를 효율적으로 저장하고 접근하기 위한 솔루션을 실행 예제와 함께 다룰 예정이다. 하둡은 대량의 데이터뿐만 아니라 소량의 데이터에도 잘 동작하기 때문에 향후 분석 프로젝트에서 데이터의 실제 크기(또는 실제 규모)를 기반으로 재작업하지 않고 이 예제를 적용할 수 있다.

전체적인 그림을 볼 수 있게끔 하둡이 아닌 다른 대체 솔루션을 하둡 솔루션과 비교해 소개할 것이다(이러한 비교법은 모든 장의 예제에서 수행한다).

문맥

데이터 분석을 수행할 때 사실은 말이 안 되고 다루기 어려운 것일 수 있다. 데이터 분석은 원하는 비즈니스 인텔리전스 메트릭을 제공할 수도 있지만 상황에 맞는 해석을 기반으로 한 예측 분석을 하지 않으면 바람직하지 않은 결과를 산출하는 왜곡된 정량 분석이 될 수 있다.

 아메리칸대학교 경영대학원의 블로그 기사에 의하면 분석에서 문맥을 적절히 활용하면 최적의 결과를 얻는 데 큰 영향을 미친다. 자세한 내용은 다음 링크를 참조하자.
https://onlinebusiness.american.edu/how-do-we-use-data-for-good-add-context/

3장, 'R을 사용한 데이터의 이해'에서는 작업하고 있는 데이터에 관한 이해의 중요성과 구체적으로 빅데이터에 문맥을 설정하거나 추가할 때 도전 과제를 효과적으로 해결하는 실행 예제와 함께 다룰 예정이다.

데이터에 문맥을 추가하려면 검토, 형식 변경, 계산 추가, 종합, 열 추가, 재정렬 등을 하기 위해 해당 데이터를 조작해야 한다.

3장에서는 이러한 유형의 데이터 처리와 조작을 수행하기 위한 선택으로 R 프로그래밍 도구를 소개한다.

R은 통계 계산에 초점을 맞춘 언어이자 환경이다.

R은 (선형/비선형 모델링, 고전 통계 검사, 시계열 분석, 분류, 클러스터링 등) 광범위한 통계와 그래픽 기법을 제공하며 확장성이 매우 좋다. R 관련 상세 정보는 R 프로젝트 웹사이트 (http://www.r-project.org/about.html)를 참조하자.

R은 시계열 분석time-series analysis 수행 같은 더욱 정교한 모델링 기법 외에도 데이터 그룹을 결정하는 데 사용할 수 있는 요약표summary table 작성과 같은 간단한 작업 수행도 지원한다.

한 가지 명심해야 할 점은 R이 기계 메모리에 모든 것을 보존한다는 것이다.

오늘날의 낮은 자원 비용을 고려하더라도 빅데이터로 작업하는 경우 문제가 발생할 수 있다.

R을 사용해 빅데이터를 처리할 때 샘플링 기법이 널리 사용된다. 3장에서는 데이터의 문맥을 확보하는 것에 초점을 맞추고 있으므로 샘플링이 허용된다.

R은 데이터 조작과 정리, 확률 통계 생성, 실제 데이터로 시각화를 생성하는 데 적합하므로 데이터 문맥을 설정하기에 좋은 선택이다.

품질

'제 눈에 안경'이라는 속담이 있다. 이는 데이터 품질을 정의할 때도 적용될 수 있다. 즉, 데이터가 기대치를 충족하거나 특정 프로젝트의 최소 요구 사항을 만족시키는 경우에는 어느 정도 수준의 품질을 갖추고 있다고 볼 수 있다.

데이터는 알려진 문제점이 있더라도 수용 가능한 품질을 가질 수 있다. 이러한 문제점은 나중에 논의할 과정으로 극복할 수 있으며, 적절하다면 간과할 수도 있다.

데이터에 허용되는 문제점이 포함될 수는 있지만, 이 데이터를 기반으로 생성된 데이터 시각화는 해당 데이터가 필요한 수준의 품질을 보장하는 경우에만 가치 있는 도구임을 증명할 수 있다는 것을 명심하자. 그러나 대량의 데이터를 사용할 경우 데이터의 품질을 측정하기 매우 어려울 수 있다.

숀 잭슨^{Sean Jackson}이 작성한 다음 글과 같이 낮은 데이터 품질의 영향에 관한 많은 예가 있다(출처: http://www.actian.com/about-us/blog/never-underestimate-importance-good-data-quality/).

> "한 사업가가 캠페인 응답률이 왜 그렇게 낮은지 이해할 수 없었다. 또한 분석 기술을 사용해 경쟁 우위를 확보할 수 없는 이유도 알지 못했다. 데이터와 시스템 관련 긴급 조사를 한 결과, 사용된 상당 부분의 데이터가 오래됐거나 형식이 잘못됐거나 오류가 있는 것으로 나타났다."

데이터 품질 솔루션은 조직 전반에 걸쳐 데이터를 정리, 관리, 신뢰할 수 있게 도와줘야 한다.

4장, '빅데이터 품질'에서는 빅데이터 소스의 품질을 효과적으로 평가하고 개선하기 위한 솔루션을 실행 예제와 함께 제공한다.

일반적으로 데이터의 품질을 결정하는 첫 번째 단계는 1장의 앞부분에서 언급한 것과 같이 데이터를 프로파일링하는 것이다. 이는 전체적인 감사 과정의 일종으로 기존 데이터 소스가 품질 기대치를 충족하거나 의도한 사용 또는 용도의 기준을 만족하는지를 판단하는 데 도움이 된다.

프로파일링은 데이터 시각화를 실제 생성하기 전에 데이터 내에 존재할 수 있는 문제점을 미리 파악해, 품질이 낮은 데이터를 나중에 재처리하는 시간을 절약할 수 있게 도와주므로 매우 중요하다. 사실 더 중요한 것은 부정확한 데이터 뷰^{View}가 포함된 시각화를 생성하고 표시하는 것을 방지해준다는 점이다.

데이터 프로파일링은 참조 무결성 또는 기타 품질 관리가 없는 비정형 로우^{raw} 데이터 소스(혹은 정형 데이터와 비정형 데이터가 혼재한 데이터)로 작업할 때 더욱 중요하다. 또한 단일 소스(단 한곳에서만 소싱된 데이터)와 다중 소스 데이터(둘 이상의 곳에서 소싱된 데이터셋)는 데이터에 대한 추가적인 문제점을 갖고 있을 가능성이 높다.

단일 소스에서 발견된 문제는 일반적으로 복수의 소스를 프로젝트를 위해 하나의 데이터셋으로 통합한 경우 많이 발견된다. 각 소스 자체에 문제가 포함될 수 있지만 같은 데이터가 그 외의 데이터 소스에서 다르거나 겹치거나 모순되게 표시되는 경우도 있다.

일반적인 프로파일링 작업은 다음의 사항을 포함한다.

- 데이터 내의 필드/열 식별
- 열 길이와 값이나 분포 백분율과 같은 필드/열 속성과 통계 나열
- 필드/열 값 분포 검토
- 널^{null} 비율
- 숫자 열에 대한 최솟값, 최댓값, 평균과 표준편차와 같은 값 통계 보고, 날짜와 시간 열에 대한 최솟값과 최댓값
- 데이터의 모든 고유한 값 식별
- 데이터 내 패턴과 패턴 분포 파악

이런 작업의 목표는 이름에서 알 수 있듯이 데이터 내의 특성, 관계, 패턴을 결정해 데이터의 프로파일을 설정하고 데이터의 내용과 품질을 좀 더 명확하게 파악하는 것이다. 이

것을 데이터 프로파일링이라 한다.

프로파일링 후에는 일반적으로 데이터의 품질을 향상하기 위해 1장의 앞부분에서 언급한 어떤 형태의 스크러빙(때로는 '클렌징' 또는 '준비 단계'라고도 한다)을 수행한다.

데이터의 의도한 용도에 따라 데이터를 클렌징하는 과정은 다소 다르거나 심지어 완전히 다를 수 있다. 이 때문에 오류를 판별하는 것을 정의하는 작업은 데이터를 처리하기 전에 수행해야 하는 첫 번째 중요한 단계다. 정의된 오류를 해결하기 위해 수행된 작업조차도 데이터의 의도한 용도에 따라 달라질 수 있다.

보통 데이터를 클렌징하거나 스크러빙하는 과정에서 필드의 형식을 변경하거나 누락된 값을 추가하는 등의 작업을 수행한다.

일반적인 스크러빙 과정은 다음과 같다.

- 데이터 내의 오류 정의와 결정 – 무엇이 오류라 생각되는가?
- 오류 인스턴스 검색과 식별 – 오류가 정의되면 데이터의 해당 위치가 어디인가?
- 오류 수정 – 오류를 제거하거나 허용 가능한 값으로 업데이트하라.
- 오류 인스턴스 그리고 오류 유형 문서화 – 혹은 레이블링(오류가 어떻게 확인되었는가? 오류를 해결하기 위해 수행된 작업은 무엇인가?)
- 향후 오류 방지를 위한 입력 메커니즘 업데이트 – 향후 이 유형의 문제를 처리할 수 있게 절차를 생성하라.

4장에서는 프로파일링 작업 중 일부를 수행하기 위해 3장에 이어서 R 프로그래밍 언어를 활용하고, 데이터를 조작하고 품질을 다루기 위한 오픈소스 데이터 매니저Data Manager 도구의 소개와 사용법을 다룬다.

데이터 매니저는 다양한 위치와 데이터베이스 간 데이터를 이동하기 위한 데이터 동기화 작업 수행을 목표로 하는 자바 라이브러리로 제공되는 우수한 도구다.

결과 표시하기

데이터 시각화는 수동 또는 기타 방식으로 그림이나 그래픽 형식으로 데이터를 구성하고 표시해 사용자에게 다음과 같은 도움을 준다.

- 분석 작업 결과를 더욱 명확하게 파악한다.
- 사용 중인 데이터의 복잡성을 단순화한다.
- 데이터를 바탕으로 전달하고자 하는 요점을 이해하고 파악한다.

새로운 개념이 아니다

의사소통하거나 데이터를 이해하기 위해 그림(활자체, 색채, 명암, 모양 등)을 사용하는 개념은 새로운 것이 아니다. 17세기의 지도나 그래프를 수기로 작성한 것에서부터 1800년대 초반 파이 차트를 발명한 것에 이르기까지 수세기를 거쳐 왔다.

요즘 컴퓨터를 사용해 대량의 데이터를 빠르게 처리해 시각화를 훨씬 더 효과적으로 만들 수 있다. 앞으로 데이터 시각화 기술은 계산 기술만이 아닌 예술과 과학이 혼합된 형태로 계속 진화할 것으로 기대된다.

즉각적 만족감

데이터 시각화 진화 과정의 흥미로운 사례는 업계가 과거 차트와 그래프를 생성하고 게시해 사용자가 검토하거나 숙고하던 과정에서 현재 대화식 시각화에 대한 기대치를 형성하는 과정으로 진화하고 있다는 것이다.

대화식 시각화를 바탕으로 사용자가 데이터와 상호작용할 수 있게 기술을 활용해 데이터 시각화 개념을 훨씬 더 확장할 수 있다. 사용자에게 생성된 그림, 차트 그리고 그래프를 실시간(혹은 근 실시간)으로 상호작용해 심층 분석할 수 있는 셀프서비스 기능을 제공해 사용자가 표시되는 데이터(시간, 이벤트 등)를 변경하거나 처리 또는 표시 방법(막대, 파이 차트 등)을 변경해 세부 사항에 접근할 수 있게 도와준다.

이를 바탕으로 시각화가 훨씬 더 효과적이고 개인화될 수 있다.

5장, 'D3를 사용해 결과 표시하기'에서는 데이터 기반 문서[D3, Data Driven Documents]를 사용해 일반 웹 브라우저 환경에서 빅데이터의 분석 결과를 표시하는 주제를 다양한 예제와 함께 다룬다. D3는 사전 구축된 데이터 시각화를 데이터셋에 적용하는 기능을 제공한다.

데이터 기반 문서

데이터 기반 문서는 개방형 커뮤니티 내에서 D3로 언급된다.

D3는 자바스크립트로 작성된 오픈소스 라이브러리이며, (HTML, CSS 등) 표준 웹 브라우징 기술을 사용해 데이터를 기반으로 문서를 쉽게 조작하는 것을 목적으로 한다. D3의 장점은 독자적으로 프레임워크를 구축하거나 상용 프레임워크에 얽매이지 않고 완전한 기능을 제공하는 것이다.

D3의 라이브러리 구성 요소는 빅데이터 시각화와 문서 객체 모델[DOM, Document Object Model] 조작에 대한 데이터 기반 접근법을 위한 훌륭한 도구를 제공한다. D3의 함수형 스타일을 사용하면 이미 구축된 라이브러리 코드 모듈을 재사용해 필요하거나 원하지 않는 기능을 추가하거나 삭제하는 것이 가능하다. 이를 바탕으로 데이터 시각화에 독특한 스타일을 부여하거나 사용자가 조작해, 원하거나 필요한 만큼 상호작용하는 강력한 수단을 만들 수 있다.

대시보드

1장 앞부분에서 설명한 것처럼 빅데이터는 매일 시시각각 수집되고 축적되며, 조직은 여러 가지 이유로 이 정보에 의존한다.

데이터 대시보드를 비롯한 다양한 유형의 보고 형식이 이 데이터에 활용된다.

모든 것이 그러하듯 데이터 대시보드의 가장 정확한 정의에 관한 다양한 의견이 있다.

예를 들어 대시보드 인사이트의 연구 담당 임원 알렉산더 창[Alexander Chiang]은 대시보드를 다음과 같이 정의했다.

> "대시보드는 하나 이상의 목표를 달성하는 데 필요한 가장 중요한 정보를 시
> 각적으로 표시하는 것이다. 또한 단일 화면에 통합되고 배치돼 정보를 한눈에
> 관찰할 수 있다."

어떻게 정의돼 있든 간에 잘 설계되고 구성된 모든 대시보드는 사용자가 의사 결정에 사용하기 위해 제때 중요한 정보를 제공할 수 있다.

대시보드는 단순한 통합 문서 또는 스프레드시트 내의 시각적 표현 모음이 아니라 관련성 높고 간결하며 잘 검토된 방식으로 데이터를 제공해야 하며, 일정 형태의 데이터 품질 보증을 비롯 적절한 시기에 대시보드를 새로 고칠 수 있는 지원 인프라가 있어야 한다. 잘못 표시되거나 부실한 데이터가 있는 대시보드를 기반으로 의사 결정을 내리면 심각한 문제가 발생할 수 있다.

6장, '빅데이터를 위한 대시보드-태블로'에서 효과적인 대시보드 사용법을 다루고, 태블로를 사용해 분석된 빅데이터를 토대로 실시간 대시보드 형식의 결과를 효과적으로 표시하는 솔루션을 실행 예제와 함께 제공한다.

태블로는 사람들이 데이터를 보고 이해할 수 있게 설계된 비즈니스 인텔리전스 소프트웨어로 분류된다. 또한 코드 라이브러리가 아닌 대화식 데이터 시각화 제품 또는 제품군으로 여겨진다.

태블로의 구조를 바탕으로 복수 소스의 여러 데이터 뷰를 하나의 매우 효과적인 대시보드로 결합해 데이터 소비자에게 더욱 풍부한 통찰력을 제공할 수 있다. 태블로는 다양한 형식의 데이터(정형/비정형 데이터)를 지원하며 페타바이트 또는 테라바이트 단위의 수백만 또는 수십억 개 열의 빅데이터 규모를 처리해 빅데이터를 사용자에게 가치 있는 시각화로 변환해준다.

오늘날의 빅데이터 세계의 속도를 다루기 위해 태블로를 사용해 로컬 또는 클라우드 데이터 소스에 직접 연결하거나, 빠른 인메모리in-memory 성능을 위해 데이터를 가져올 수 있다(인메모리에 관해서는 이 책 뒷부분에서 다룬다).

태블로의 또 다른 목표는 1장 앞부분에서 잠시 언급한 셀프서비스 분석이다(셀프서비스 분석에 관해서는 이 책 뒷부분에서 다시 살펴보자). 사용자는 마우스를 이용해 배치 모드가 아닌 실시간으로 선택한 데이터와 대화를 바탕으로 빅데이터를 직관적으로 마이닝하고 효과적으로 데이터셋 내에 존재할 수 있는 이해와 기회를 발견할 수 있다.

태블로가 추가로 제공하는 흥미로운 기능은 다음과 같다.

- 실시간 드래그 앤 드롭drag-and-drop 클러스터 분석
- 교차 데이터 소스 조인join
- 강력한 데이터 커넥터
- 모바일 사용 환경
- 실시간 영역 또는 지역 데이터 탐색

이상점

7장, '파이썬을 사용해 이상점 다루기'에서 이상점에 관해 상세히 살펴보자.

1장 앞부분에서 정의한 대로 이상점은 데이터 내의 관찰된 다른 데이터 포인트와는 거리가 멀거나 매우 다른 관측점이다.

이상점은 일반적으로 데이터의 약 1~5%밖에 차지하지 않지만, 빅데이터로 작업할 때 데이터의 1~5%를 조사하거나 심지어 보기조차도 다소 어렵다.

조사 및 판결

이상점은 데이터 시각화를 바탕으로 전달하고자 하는 바에 큰 영향을 미치거나 전혀 영향을 미치지 않을 수 있다.

이러한 결정을 내리는 행위나 과정은 분석에 매우 중요하지만, 대규모의 다양하고 빠른 속도의 빅데이터를 처리할 때 심각한 문제가 될 수 있다. 예를 들어 이러한 결정을 내리는 데 도움이 되는 기본 단계는 데이터 샘플의 크기를 조정하는 것이다. 이 단계는 샘플 데이터 크기에 대한 이상점의 백분율을 계산하는 주요 수학적 과정으로, 데이터가 페타바이트 또는 테라바이트 단위일 때 결코 간단한 작업이 아니다!

이상점을 식별하고 제거하는 것은 매우 복잡할 수 있으며, 데이터셋에 존재하는 이상점의 비율을 측정하고 데이터에 미치는 영향을 판단하는 방법에 관한 다양한 의견이 있다. 그러나 시각화를 사용해도 최소한 이상점을 식별할 수 있는 자동화 공정을 만들 수 있다는 것이 일반적인 견해다.

계속해서 정렬, 캐핑, 그래프 작업 등과 같은 이상점에 대한 조사 및 판결을 위한 모든 접근법은 기능이 풍부하고 강력한 도구를 사용해 데이터를 조작하고 처리해야 한다.

7장에서는 파이썬을 사용해 빅데이터 이상점을 비롯한 일부 데이터셋 예외를 효율적으로 파악하고 처리하는 솔루션을 보여주는 실행 예제를 제공한다.

파이썬은 매우 쉽게 배울 수 있는 스크립팅 언어로, 코딩 문법이 영어와 유사해서 쉽게 읽을 수 있다. 케이티 보우캠프Katie Bouwkamp가 쓴 〈2016년 가장 수요가 많은 9개 프로그래밍 언어〉라는 기사(http://www.codingdojo.com/blog/9-most-in-demand-programming-languages-of-2016)에서 파이썬이 수요가 가장 많은 프로그래밍 언어 가운데 하나로 선정됐다.

1989년 귀도 반 로섬Guido van Rossum이 개발한 파이썬은 사실상 매우 단순하지만 업계에서 매우 강력하고 빠르며 거의 모든 환경에서 실행될 수 있다고 보면 된다.

파이썬 공식 홈페이지(www.python.org)에는 다음과 같이 명시돼 있다.

> "오픈소스(무료!) 파이썬은 전 세계 많은 기업과 기관의 생산성, 소프트웨어 품질, 유지 보수성 향상을 위한 성공 공식의 일부다."

업계에서 데이터 분석과 빅데이터를 분석할 때 파이썬 언어를 사용하는 것에 관한 관심이 증가하고 있다. 파이썬이 제공하는 표준 라이브러리를 사용해 축적하고 있는 데이터로 필요한 거의 모든 자료를 생성할 수 있어, 데이터 과학자가 일상적인 연구 활동을 수행하기에 탁월한 선택이다. 파이썬의 표준 라이브러리는 파이둡[Pydoop]이나 사이파이[SciPy]와 같은 빅데이터에 중점을 둔 라이브러리도 포함하며 다음과 같은 작업을 수행할 수 있다.

- 자동화
- 웹사이트와 웹 페이지 구축
- 데이터 접근과 조작
- 통계 계산
- 시각화 생성
- 보고
- 예측과 설명 모델 구축
- 추가 데이터에 관한 모델 평가
- 생산 시스템에 모델 통합

마지막으로 파이썬의 표준 라이브러리는 매우 광범위하며 시스템 기능에 접근을 제공하는 다양한 내장 모듈을 제공한다. 또한 일상적인 프로그래밍에서 발생하는 많은 문제를 해결하기 위한 표준화된 솔루션을 제공해, 빅데이터 이상점과 관련된 작업을 수행할 때 좋다.

운영 인텔리전스

8장, '빅데이터 운영 인텔리전스 구축하기–스플렁크'에서는 빅데이터 운영 인텔리전스[OI, Operational Intelligence]에 중점을 두고 있다.

운영 인텔리전스는 일반적으로 기계에 의해 생성된 운영 또는 이벤트 데이터로부터 가시성과 통찰력을 제공하고, 실시간 스트리밍 데이터 피드에 대한 쿼리[query]를 실행하며 분석 결과를 운영 지침으로 생성하는 분석 유형이다. 이 분석 결과는 수동 또는 자동 작업으로 조직에 의해 즉각적으로 처리될 수 있다(이는 데이터셋을 가치 있게 만드는 명확한 예다).

정교한 운영 인텔리전스 시스템은 데이터 내에서 발견되는 특정 메트릭, 프로세스 단계, 채널 등과 메타데이터를 연관시키는 기능도 제공한다. 이 기능을 사용해 추가 관련 정보를 쉽게 얻을 수 있다. 예를 들어 기계에서 생성된 운영 데이터에는 대개 고유한 식별자와 결과 또는 상태 코드가 가득하다.

이러한 코드나 식별자는 처리와 저장에 효율적일 수 있지만, 항상 인간이 쉽게 해석할 수 있는 것은 아니다. 이 데이터를 더 읽기 쉽게 하기 위해 (즉, 더 가치 있게 만들기 위해) 상태 또는 이벤트 설명이나 제품 또는 기계 이름 등과 같은 형태로 사용자 친화적인 추가 정보와 데이터 결과를 연결할 수 있다.

데이터의 가치를 발견하기 위해서는 우선 빅데이터 기본 분석과 시각화 기술 적용의 어려움을 이해해야 한다. 8장에서 스플렁크를 사용해 운영 인텔리전스로 운영 또는 이벤트 빅데이터를 평가하는 솔루션을 실행 예제와 함께 제공한다.

그렇다면 스플렁크란 무엇인가? 컨설턴트이자 개발자 헬게 클라인^{Helge Klein}은 다음과 같이 말한다.

> "스플렁크는 일종의 '로그 파일을 위한 구글'로 시작됐다. 하지만 스플렁크는 더 많은 일을 한다… 스플렁크는 모든 로그를 저장하고 구글이 인터넷을 위해 하는 것과 마찬가지로 빠른 속도의 검색 기능을 제공한다."
>
> - 출처: https://helgeklein.com/blog/2014/09/splunk-work/

스플렁크는 기계에서 생성된 운영 데이터나 다른 유형의 데이터에서 숨겨진 가치를 찾게 도와주는 유용한 도구다. 스플렁크를 사용하면 한곳에서 모든 데이터를 수집, 색인, 검색, 분석, 시각화할 수 있다. 또한 어디서나 방대한 기계 데이터(빅데이터)로부터 실시간 통찰력을 구성하고 추출할 수 있는 통합된 방법을 제공한다.

스플렁크는 파일에 인덱스를 할당해 데이터를 플랫 파일^{flat file}에 저장한다. 이러한 작업을 수행하기 위해 데이터베이스 소프트웨어를 백그라운드로 실행할 필요가 없다. 스플렁크는 이러한 파일을 인덱서^{indexer}라고 부른다. 스플렁크는 모든 유형의 시계열 데이터(타임스탬프가 있는 데이터)를 인덱싱할 수 있으므로 빅데이터 운영 인텔리전스 솔루션에 최적이다. 데이터 인덱싱 중에 스플렁크는 식별된 타임스탬프를 기반으로 데이터를 이벤트로 나눈다.

간단한 검색 용어(예: 기계 ID)를 사용할 수 있지만, 스플렁크는 자체 검색 처리 언어^{SPL, Search Processing Language}도 제공한다. 스플렁크 SPL은 일종의 SQL처럼 엄청난 양의 빅데이터를 검색하고 특정 맥락 내에서 관련성 있는 것에 관한 통계 작업을 수행하는 매우 강력한 도구다.

스플렁크는 거의 모든 기능을 지원하는 무료 버전을 포함해 다양한 버전이 있다.

▌ 요약

1장에서는 '데이터 시각화'라는 용어가 의미하는 바와 업계에서 통용되는 전통적인 시각화 개념을 알아봤다.

또한 빅데이터로 작업할 때의 도전 과제를 소개하고 이 책의 나머지 부분에서 다룰 주제와 기술을 간략히 소개했다.

이제 2장으로 넘어가 하둡을 사용해 규모, 속력, 속도를 다루는 방법을 알아보자.

하둡을 사용한 접근, 속도, 저장

2장에서는 대용량이거나 다양한 종류(정형 혹은 비정형)의 데이터를 저장하고 접근하는 도전 과제를 효과적으로 해결할 수 있는 방법을 실행 예제와 함께 중점적으로 다룬다.

어느 정도 하둡에 익숙할 것으로 가정해 2장에서는 기술 개요를 간단히 소개하겠다. 하둡을 사용해 빅데이터를 저장하고 접근할 때 발생하는 문제를 해결하는 시범을 보여주는 것이 2장의 목표이므로 모든 세부 사항을 다루지는 않는다.

또한 하둡뿐만 아니라 아파치 스파크Apache Spark나 간단한 스크립팅 솔루션과 같은 하둡의 대안도 알아볼 것이다.

2장을 모두 마치면 하둡이 무엇이고 어떻게 동작하는지 이해할 수 있을 것이다. 또한 하둡을 사용해 저장하는 이유를 이해하고 빅데이터에 접근하는 실행 예제를 하둡을 통해 수행할 수 있을 것이다.

2장에서 다루는 내용은 다음과 같다.

- 하둡에 관하여
- 로그 파일과 엑셀
- 하둡과 빅데이터
- 실행 예제 1
- 실행 예제 2

▐ 하둡에 관하여

먼저 일반적으로 검색되는 하둡에 관한 설명이다.

아파치 하둡은 위키피디아(wikipedia.org, 2016)에서 다음과 같이 묘사돼 있다.

"하둡은 대량 상용 하드웨어commodity hardware로 구축된 컴퓨터 클러스터에서 방대
한 데이터셋의 분산 저장과 처리를 위한 오픈소스 소프트웨어 '프레임워크'다."

다음은 하둡에서 사용하는 마스터−슬레이브 아키텍처를 이해하는 데 도움이 되는 그림
이다.

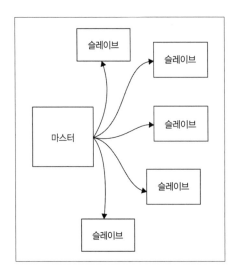

하둡은 맵리듀스^{MapReduce}라는 아키텍처를 사용한다. 맵리듀스는 프로세서 클러스터에 있는 한 프로세서를 마스터로 지정하고 그 외의 슬레이브 프로세서로 데이터 처리 작업을 분배하거나 매핑하는 것을 제어해 프로세서 클러스터가 단일 출력 결과에 대해 수행하는 처리 과정을 줄이는 디자인이다. 이제 맵리듀스 또는 매핑 축소^{mapped reduction}라는 이름이 왜 붙었는지 이해할 수 있을 것이다.

하둡은 사용 가능한 공간이나 자원이 있는 다수의 컴퓨터에 데이터를 분산(혹은 배포)할 수 있다.

하둡을 실행하기 위해 컴퓨터가 높은 사양 혹은 필요 이상의 성능을 가진 장치가 아니어도 된다(즉, 쉽게 구매할 수 있는 평범한 컴퓨터로 충분히 실행할 수 있다). 하둡 프레임워크에서 사용할 수 있는 그룹 또는 클러스터 일부로 명명되기만 하면 된다. 이는 하둡의 첫 번째 강점이며, 그 외의 강점은 모든 파일이 어디에 배치됐는지 추적하고 최소한의 응답 시간으로 마치 한 개의 일관된 데이터베이스처럼 모든 파일을 사용할 수 있게 한다는 것이다. 단순히 데이터에 대한 파일을 분산시키는 것이 그렇게 대단한 기술은 아니라는 점을 유념하자. 하둡의 강점은 항상 어느 컴퓨터가 접근하려는 데이터에 가장 근접한지 알 수 있다는 것이다. 이는 특정 데이터가 필요한 경우 어디에 있는지 검색할 때 발생하는 네트워크 트래픽을 대폭 줄여준다.

다음은 하둡에 관해 자주 묻는 질문의 일부다(Hadoop, WhatIs.com Rouse 2015).

- 무료다.
- 자바 기반이다.
- 2011년 첫 출시했다.
- 아파치 소프트웨어 재단^{ASF, Apache Software Foundation}이 후원하는 아파치 프로젝트 중 하나다.
- 구글의 맵리듀스(애플리케이션을 수많은 작은 부분들로 나누는 소프트웨어 프레임워크)에서 영감을 받았다.

- 창작자 더그 커팅^{Doug Cutting}의 아이의 코끼리 장난감 인형 이름을 땄다.
- 하둡 커널, 맵리듀스, 하둡 분산 파일 시스템^{HDFS, Hadoop Distributed File System}, 아파치 하이브^{Hive}, HBase, 주키퍼^{Zookeeper}와 같은 여러 관련 프로젝트로 구성된다.
- 구글, 야후, IBM을 비롯한 주요 업체에서 검색엔진과 광고 관련 애플리케이션에 사용한다.
- 지원하는 기본 운영체제는 윈도우와 리눅스지만 BSD와 OSX에서도 사용할 수 있다.

물론 더 많은 흥미로운 하둡 FAQ가 있지만, 어느 정도 내용을 파악했으므로 다음으로 넘어가자.

하둡의 대안

하둡이 빅데이터를 저장하고 처리할 수 있는 유일한 선택인가?

아마도 하둡이 빅데이터를 처리하는 데 사용되는 가장 잘 알려진 도구일 것이다. 실제로 빅데이터에 관해 이야기할 때 하둡에 관해 이야기하고 있다고 생각하거나, 하둡을 논할 때 빅데이터에 관해 토론하고 있다고 오해하는 경우가 있다.

이는 명백히 잘못된 생각이다.

사실 하둡에는 여러 가지 대안이 있으며 일부는 점점 인기를 얻고 있다. 다른 기술 선택과 마찬가지로 하둡을 사용할 때 장단점이 있어서 대안에 관해서도 관심을 두게 된다.

하둡의 인기 있는 두 가지 대안은 아파치 스파크와 클러스터 맵리듀스다.

아파치 스파크는 하둡과 같은 오픈소스이며 인메모리 기술을 사용한다. 또한 하둡보다 빠른 속도를 보장하고 고유한 API를 제공한다. 클러스터 맵리듀스는 하둡을 사용했었지만, 더 많은 기능이 필요했던 온라인 광고 회사에 의해 하둡 맵리듀스 프레임워크 개념을 기반으로 개발됐다. 하둡과 비교했을 때 클러스터 맵리듀스는 다음과 같은 좀 더 효율적인 솔루션을 제공한다.

- 더 단순한 데이터 쿼리 생성 사용
- 더 적은 설치 공간
- 더 확장된 커스터마이징 기능
- 더 뛰어난 장애 시 복원력

IBM 오픈 플랫폼

여기서 잠시 시간을 내 IBM의 하둡 엔터프라이즈 버전도 알아보자.

IBM은 하둡 개념을 채택해서 가장 최신의 아파치 하둡 오픈소스 콘텐츠를 사용해 빅데이터 프로젝트를 위한 'IBM 오픈 플랫폼^{Open Platform}'이라는 하둡과 유사한 자체 버전 플랫폼을 구축했다. 무료로 다운로드할 수 있으며, 유료 지원 서비스도 제공된다(아마도 오픈소스 도구로 개발하려는 조직에 자신감을 심어주기 위한 노력의 일환일 것이다).

또한 IBM은 오픈 플랫폼과 데이터 시각화, 고급 분석 프로젝트를 위한 엔터프라이즈급 기능을 결합한 IBM 빅인사트 퀵 스타트 에디션^{BigInsights Quick Start Edition}을 제공한다.

 자세한 내용은 다음 링크를 참조하자.
https://www.ibm.com/analytics/us/en/technology/hadoop

앞서 설명한 것과 같이 하둡의 대안이 실제로 존재하며 앞으로도 더 많은 대체재가 생길 것이다.

하둡은 의심할 여지 없이 매우 강력하지만, 데이터를 이동하는 데 복잡한 방법을 사용하며 (오늘날 점점 더 널리 퍼지는 데이터 유형인) 비정형 데이터를 처리할 때 비효율적이다. 새로운 대안이 늘어남에 따라 앞서 언급한 빅데이터와 하둡의 자동 연관성은 점점 줄어들고 있다.

이 책에서 하둡을 사용하고 있지만 빅데이터나 비정형 데이터를 처리할 때 (간단한 스크립팅을 포함한) 사용 가능한 모든 대안을 필요에 따라 고려하는 것이 현명하다.

프로젝트 의사 결정 과정의 일부는 세부적인 요구 사항과 밀접하게 연관돼 있다. 데이터 시각화 항목에서는 데이터를 상세히 파악하는 것이 중요하다. 첫 번째로 결정해야 할 중요한 사항은 데이터가 실제로 빅데이터로 적합한지 여부다.

〈빅데이터 수수께끼: 어떻게 정의할 것인가?(The Big Data Conundrum: How to Define it?)〉라는 기사에서 스튜어트 워드Stuart Ward는 다음과 같이 썼다.

> "일부 조직에서는 대규모 데이터셋이 항상 복잡하진 않으며, 소규모 데이터셋은 항상 단순한 것이 아니라는 점을 지적한다. 요점은 데이터셋의 복잡성이 빅데이터인지 결정하는 데 있어 중요한 요소라는 점이다."

여기서 흥미로운 점은 본질적으로 지나치게 복잡한 데이터는 대용량 데이터를 다루지 않을지라도 빅데이터로 간주할 수 있으며 빅데이터 사고방식이 필요하다는 것이다.

하둡과 하둡 사용 예제를 시작하기 전, 스크립팅 언어로 단순한 데이터 파일을 처리하는 것과 같은 간단한 솔루션을 먼저 살펴보자.

▌ 로그 파일과 엑셀

수정된 웹 로그 파일로 몇 가지 시각화를 생성하려는 다소 현실적인 사용 사례를 생각해보자.

4장, '빅데이터 품질 다루기'에서 데이터 품질과 관련된 데이터 프로파일링에 관해 논의하겠지만, 지금은 데이터 파일에 관해 다음과 같이 알고 있다고 가정하자.

- 파일은 크기가 다양하고 구조화돼 있지 않다.
- 파일 데이터에는 인터넷 사용자가 기록한 정보가 포함돼 있다.

- 데이터에는 컴퓨터 IP 주소, 날짜, 타임스탬프, 웹 주소/URL 등이 포함된다. 파일에 더 많은 정보가 있지만 여기서는 각 웹 주소의 방문 횟수를 월별로 보여주는 그래픽 표현을 생성하려고 한다(실제로 웹 통계를 제공하는 소프트웨어 패키지가 있지만, 해당 패키지를 사용할 수 없다고 가정하자).

다음은 예제로 사용할 파일에 포함된 하나의 샘플 트랜잭션(레코드)이다.

```
221.738.236 - - [15/Oct/2014:6:55:2] GET /cart.do?action=view&itemId=EST-
6&productId=SC-MG-G10&JSESSIONID=SD5SL9FF2ADFF4958 HTTP 1.12002334  http://www.
rpropgramming.com
```

사용자는 첫 번째로 마이크로소프트 엑셀에 파일을 열어서 피버팅^{pivoting}과 필터링^{filtering}을 수행한 다음, 엑셀 그래프 생성을 시도할 것이다. 하지만 이 파일은 도구의 용량을 초과한다(다음 스크린샷 참조).

다음으로 빅데이터라 판단하고 하둡을 고려할 것이다.

현실적으로 엑셀에서 처리하기에는 파일이 너무 크기는 하지만 일반 비즈니스 노트북을 사용해 파일을 조작할 수 있다(아마도 조금은 느릴 것이다). 또한 여러 개의 파일에서 데이터 시각화를 생성해야 하더라도 여전히 관리할 수 있다. 따라서 이 예제는 규모를 기반으로 빅데이터라 규정할 수 없다. 샘플 트랜잭션에서 알 수 있듯이 데이터가 다소 구조화되지 않았지만 전부 복잡하거나 다양한 제약 조건을 제시하지는 않는다.

마지막으로 이 특정 예제를 위해 사용할 파일은 과거 기간을 기준으로 이미 생성된 것이므로 속도를 걱정할 필요가 없다. 다시 말하지만 이것은 빅데이터 프로젝트가 아니다

(하지만 이 절의 뒷부분에서 어떻게 빅데이터로 성장하는지 볼 수 있다).

따라서 기초적인 대안은 R의 기능을 사용해 모든 파일을 조작하고 콘텐츠를 기반으로 간단한 시각화를 생성하는 것이다.

이 예제에서는 사용된 R 스크립트의 세부 사항을 설명하지는 않을 것이다. 다만 R이 엑셀에서 사용하기에 너무 큰 데이터 파일로 흥미로운 시각화를 생성하는 데 사용될 수 있다는 점을 증명하고자 한다. 여기에 사용된 R 스크립트가 동작한다는 것을 보여주기 위해 전체 스크립트를 제공하고 있지만, 이 예제만을 위해 윈도우용 R 콘솔을 사용해 신속하게 작성했으며 가장 효율적인 방법이 아닐 수도 있다. R에 관해서는 3장, 'R을 사용한 데이터의 이해'에서 자세히 살펴보자.

R 스크립팅 예제

첫 번째 단계는 로그 파일을 단일 쉼표로 구분된 텍스트 파일로 결합하는 것이다.

이는 다음과 같이 R의 rbind() 함수를 사용해 간단히 수행할 수 있다.

```
complete.dat <- rbind(C:/Big Data Visualization/weblog1.txt,C:/Big Data
Visualization/weblog2.txt)
datafile1 <- read.csv("C:/Big Data Visualization/weblog1.txt", header=T, sep=",")
datafile2 <- read.csv("C:/Big Data Visualization/weblog2.txt", header=T, sep=",")
datafile <- rbind(datafile1, datafile2)
write.csv(datafile,"C:/Big Data Visualization/oneWebLog.txt")
```

단일 파일에서 시각화에 사용하고자 하는 정보만 가져오기 위해 간단한 R 스크립트를 사용해 날짜(실제로는 달 이름)와 웹 주소 두 개의 열만 있는 텍스트 파일을 추가로 생성한다. 날짜와 웹 주소가 각각 4열과 9열에 있음을 알 수 있다. 참고로 본 예제에 사용된 웹 로그 파일은 공백으로만 구분한다.

```
tmpRTable<-read.table("C:/Big Data Visualization/oneWebLog.txt")
tmpRTable<-tmpRTable,c(4,9)]
data.df <- data.frame(tmpRTable)
adata.df <- data.frame(nrow(data.df))
for(i in 1: nrow(data.df))
{
  adata.df[i,1]<- paste(substr(data.df[i,1],start=5,stop=7), ", ", data.df[i,2])
}
write.table(adata.df, file = "C:/Big Data Visualization/WebsitesByMonth.txt",
sep = ",", quote = FALSE, col.names = FALSE, row.names = FALSE)
```

새 파일을 생성할 때 행과 열 머리글을 추가하지 않고 필드를 따옴표 문자로 묶지 않게 R에 지시한다. 이렇게 하면 나중에 처리하기가 한결 수월하다.

다음은 생성된 파일의 일부 샘플 레코드다.

```
Jun, http://www.readingphilles.com
Sep, http://www.hollywood.com
Sep, http://www.dice.com
Jun, http://www.farming.com
Nov, http://www.wkipedia.com
Aug, http://www.r-project.com
Oct, http://www.rpropgramming.com
Feb, http://www.aa.com
Nov, http://www.farming.com
```

다음으로 월별 웹사이트 수를 계산하는 간단한 스크립트를 만든다.

기본 개념은 새로 생성된 파일에 월 트랜잭션month transaction(한 달 동안 유효한 웹사이트당 한 개의 트랜잭션 또는 레코드) 정보가 존재하는 것이다(매월 다수의 기록이 존재할 수 있음을 유념하자).

이제 다음 스크립트를 사용해 월별 방문 횟수를 웹 로그 파일로부터 효과적으로 추출한다.

```
tmpTableSpace<-read.table("C:/Big Data Visualization/ WebsitesByMonth.txt ")
data.df <- data.frame(tmpTableSpace)
M01 <-0; M02 <-0; M03 <-0; M04 <-0; M05 <-0; M06 <-0
M07 <-0; M08 <-0; M09 <-0; M10 <-0; M11 <-0; M12 <-0
for(i in 1:nrow(data.df))
{
  if (substr(data.df[i,1],start=1,stop=3) == 'Jan') {M01 <- M01 + 1}
  if (substr(data.df[i,1],start=1,stop=3) == 'Feb') {M02 <- M02 + 1}
  if (substr(data.df[i,1],start=1,stop=3) == 'Mar') {M03 <- M03 + 1}
  if (substr(data.df[i,1],start=1,stop=3) == 'Apr') {M04 <- M04 + 1}
  if (substr(data.df[i,1],start=1,stop=3) == 'May') {M05 <- M05 + 1}
  if (substr(data.df[i,1],start=1,stop=3) == 'Jun') {M06 <- M06 + 1}
  if (substr(data.df[i,1],start=1,stop=3) == 'Jul') {M07 <- M07 + 1}
  if (substr(data.df[i,1],start=1,stop=3) == 'Aug') {M08 <- M08 + 1}
  if (substr(data.df[i,1],start=1,stop=3) == 'Sep') {M09 <- M09 + 1}
  if (substr(data.df[i,1],start=1,stop=3) == 'Oct') {M10 <- M10 + 1}
  if (substr(data.df[i,1],start=1,stop=3) == 'Nov') {M11 <- M11 + 1}
  if (substr(data.df[i,1],start=1,stop=3) == 'Dec') {M12 <- M12 + 1}
```

이제 파이 차트를 사용해 데이터를 시각화할 수 있다.

```
slices <- c(M01, M02, M03, M04, M05, M06, M07, M08, M09, M10, M11, M12)lbls
<- c("Jan", "Feb", "Mar", "Apr", "May", "Jun", "Jul", "Aug", "Sep", "Oct", "Nov",
"Dec")
pie(slices, labels = lbls, main="Pie Chart of Month Hit Counts")
```

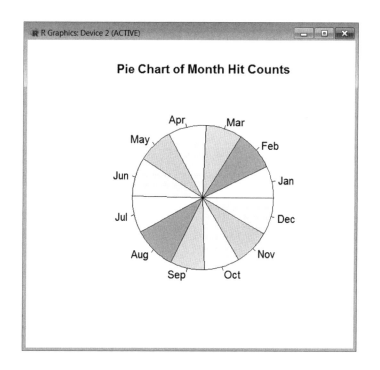

고려 사항

앞서 수행한 예제는 모든 데이터 시각화 프로젝트가 반드시 하둡을 사용하는 것은 아니라는 점을 보여주기 위한 것이었다(물론 어떤 경우에는 하둡을 사용하는 것이 분명히 효과적일 것이다). 여러 기술 중 한 가지를 선택하기 전에 적절한 분석을 하는 것은 필수다.

이제는 일반적인 자원이 있는 시스템에서 R 스크립팅과 같은 간단한 오픈소스 도구를 사용해 대용량 파일을 조작하고 시각화할 수 있음을 알 수 있다. 이러한 솔루션이 제대로 동작할 수는 있지만, 기업용 솔루션으로는 적합하지 않을 수도 있음을 명심하자. 예를 들어 발견 과정에서 2~3개의 로그 파일을 한두 번 처리하는 것은 괜찮지만, 숫자와 크기가 증가하는 파일에 정기적으로 이러한 처리 과정을 수행하면 결국에는 시스템에 부담이 되고 효율이 떨어질 것이며, 궁극적으로 작업 수행이 거의 불가능할 수 있다.

이제 하둡을 알아보자!

▌ 하둡과 빅데이터

이 절에서는 하둡이 실제로 빅데이터를 저장하고 접근하기에 매우 적합한 이유를 살펴본다.

대량의 데이터를 처리하고 싶다고 상상해보자. 앞서 살펴본 예제에서 기계가 생성한 웹 로깅 파일이 생산되는 시나리오를 다뤘으며, 이러한 파일 내에서 정보를 활용해 몇 가지 분석을 수행하고 강력한 데이터 시각화를 생성했다.

이 예제에서는 R을 사용했지만 시간이 지남에 따라 웹 로그 파일을 계속 수신하고 파일 크기가 커지는 시나리오로 확장하면 R이 실현 가능한 솔루션이 아닐 수도 있다.

하둡 첫발 딛기

제품 설명서에 명시된 것처럼 하둡은 일반적인 데이터베이스가 아니다. 사실 하둡은 많은 서버와 웹사이트와 기업 금고로부터 모든 종류의 데이터를 필요하거나 원하는 만큼 수집해 저장할 수 있다. 또한 수백 또는 수천 개의 프로세서와 저장소 드라이브를 병렬로 동시에 동작시켜 작업을 분산시킨다. 하둡을 사용하는 두 가지 실제 예제를 살펴보자.

하둡 프로젝트를 위한 AWS

하둡을 처음 사용하거나 이용 가능한 하둡 환경이 없다면 무료 하둡 배포판 중 하나를 다운로드해 하둡의 성능을 평가할 수 있다. 하둡을 단일 기계에서 로컬 독립형^{standalone} 또는 의사 분산^{pseudo-distributed} 모드로 실행해 초기 평가를 시작하는 것이 좋다. 하지만 하둡을 처음 사용한다면 다운로드하고 구성하는 데 시간을 낭비하는 대신 일시적으로 기존 하둡 서비스를 등록, 사용할 것을 추천한다.

아마존이 가장 우수한 서비스 중 하나인 다양한 서비스로서의 소프트웨어$^{SaaS, Software as a Service}$가 있다. 아마존 일래스틱 맵리듀스$^{EMR, Elastic MapReduce}$는 대규모 데이터 프로젝트를 손쉽게 처리하고 비용을 효율적으로 관리하는 구독 웹 서비스$^{subscription web service}$다. 아마존 EMR은 동적으로 확장 가능한 아마존 EC2 인스턴스 간에 방대한 데이터를 쉽고 빠르게 효율적인 비용으로 배포하고 처리할 수 있는 관리형 하둡 프레임워크를 제공한다. 또한 아마존 EMR을 사용하면 로그 분석, 웹 인덱싱, 데이터 웨어하우징$^{data warehousing}$, 머신러닝$^{machine learning}$, 재무 분석, 과학 시뮬레이션, 생물 정보학과 같은 안전하고 안정된 환경을 얻을 수 있다.

아마존 EMR에서 하둡을 수행하면 다음과 같은 이점이 있다.

- 분 단위 가상 서버 클러스터 프로비저닝
- 클러스터의 가상 서버 수를 확장해 필요한 연산을 관리하고 사용하는 자원만큼만 과금하는 시스템
- 다른 아마존 웹 서비스와 통합
- 하둡 아키텍처 위에서 실행되는 오픈소스 프로젝트 실행
- 마이크로소프트 엑셀, 마이크로스트래티지^{MicroStrategy}, 클릭뷰^{QlikView}, 태블로와 같은 최신 비즈니스 인텔리전스 도구를 사용한 데이터 탐색과 시각화

아마존 EMR을 활용하면 이 책에서 사용된 하둡 사용 예제를 수월하게 수행할 수 있다.

▌ 실행 예제 1

앞서 살펴본 시나리오에서는 여러 기계가 생성한 웹 로그 파일이 있었다. 해당 웹 로그 파일은 엑셀이 처리하기에는 지나치게 방대했음에도 개별적으로 빅데이터 기준을 충족

시키지 못했다. 하지만 이 시나리오를 계속 진행하면서 웹사이트가 매일 여러 개의 파일을 생성할 수 있으므로 원래의 파일보다 더 많은 파일이 존재한다고 가정해보자. 이러한 가정을 고려할 때 파일을 저장한 뒤 쉽게 접근할 수 있는 안전한 저장소가 필요하다.

환경 정의

앞서 언급했듯이 AWS는 새로운 환경을 만들고 관리하는 데 필요한 시간을 들이지 않고도 하둡 기술을 활용할 수 있는 기능을 제공한다.

이 환경을 사용하려면 먼저 AWS 계정이 있어야 한다. 2장에서는 하둡을 사용하는 환경에서 빅데이터 파일을 열고 접근하는 방법에 초점을 맞추고 있으므로 계정을 만드는 방법은 다루지 않는다(계정을 만들려면 웹 브라우저에서 http://aws.amazon.com을 열고 **무료 계정 생성** 버튼을 클릭하자).

시작하기

아마존 하둡 환경을 시작하기 위해 다음의 4단계 절차를 수행해야 한다.

1. 아마존 S3^{Simple Storage Service}를 사용해 데이터의 저장 위치(버킷)를 만든다.
2. 아마존 클러스터(마스터와 슬레이브의 하둡 인스턴스)를 시작한다. 여기에 데이터가 저장되며 기타 대규모 응용프로그램과 마찬가지로 하둡이 프리로드^{preload} 돼 사용할 준비가 되는 곳이다.
3. 데이터를 업로드한다. 윈도우 탐색을 사용해 파일을 선택하고 업로드 버튼을 클릭해 쉽게 수행할 수 있다!
4. 하이브 스크립트를 실행하라. 하이브는 하둡에서 실행되는 오픈소스, 데이터 웨어하우스 유형 도구 그리고 분석 패키지다. 또한 맵리듀스 프로그래밍 모델을 추상화하고 맵리듀스 프로그램을 로우 레벨^{low level} 컴퓨터 언어로 작성하는 복잡

성을 피할 수 있는 하이브QL^{HiveQL}(하이브의 쿼리 언어)을 사용한다.

앞서 언급한 절차가 전부다. 한번 시도해보자!

1. 아마존 S3 콘솔(https://console.aws.amazon.com/s3/)을 열고 **버킷 만들기**를 클릭한다.

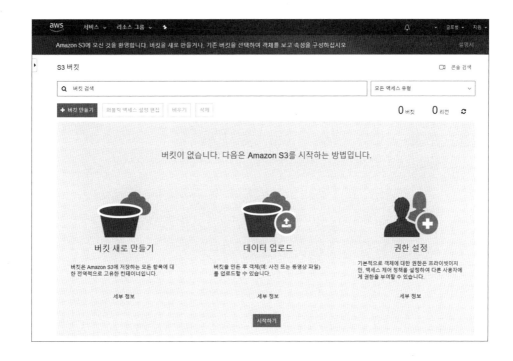

2. **버킷 만들기** 대화상자에서 bigdatavizproject와 같은 버킷 이름을 입력할 수 있다.

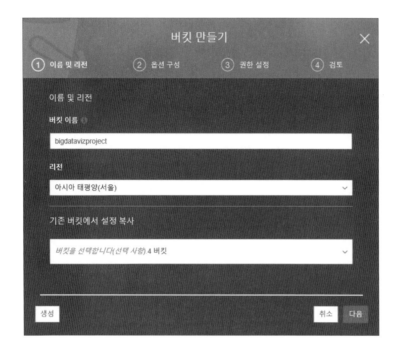

버킷을 생성하는 과정에서 사용자가 로깅 기능을 설정할 수 있다.

실습을 위해 해당 단계를 건너뛸 수 있다. 로깅에 관한 내용은 다음 링크를 참조하자.

http://docs.aws.amazon.com/ElasticMapReduce/latest/DeveloperGuide/emr-plan-debugging.html

 버킷 이름은 전역적으로 고유해야 한다. 입력한 이름이 다른 버킷에서 사용 중이라면 다른 이름을 입력하자. 참고로 아마존 EMR과 함께 사용되는 아마존 S3 버킷 이름은 소문자, 숫자, 마침표(.), 하이픈(-)만 포함돼야 한다는 점에 유의하자. 또한 버킷 이름은 마침표나 하이픈으로 끝날 수 없다. 리전의 경우 생성할 버킷의 선호 지역을 선택한다.

버킷이 설정됐으면 클러스터를 만들고 실행해보자. 가장 쉬운 방법은 왼쪽 위의 **서비스** 메뉴를 클릭한 뒤 다음 그림과 같이 EMR 메뉴를 클릭하는 것이다.

그런 다음 다음 스크린샷과 같이 **클러스터 생성** 버튼을 클릭한다.

클러스터 생성 버튼을 클릭한 뒤 **일반 구성**에서 고유한 클러스터 이름을 입력한다. 나머지 설정(소프트웨어 구성, 하드웨어 구성, 보안과 액세스)은 기본값 그대로 두고 (그림상에는 보이지 않지만) 오른쪽 아래 **클러스터 생성** 버튼을 다시 한 번 클릭한다.

이 시점에서 선택 항목과 입력 내용에 따라 클러스터를 프로비저닝하기 위해 아마존에서 작업을 진행한다. 계정을 설정할 때 제공한 연락처 정보를 사용해 연락처를 인증하는 데

몇 시간이 걸릴 수 있다. 이 시간 동안 클러스터를 사용하려고 하면 다음 스크린샷과 유사한 메시지가 표시될 수 있다.

> ⚠ Core Instance Group: Your account is currently being verified. Verification normally takes less than 2 hours. Until your account is verified, you may not be able to launch additional instances or create additional volumes. If you are still receiving this message after more than 2 hours, please let us know by writing to aws-verification@amazon.com. We appreciate your patience..

> ⚠ Master Instance Group: Your account is currently being verified. Verification normally takes less than 2 hours. Until your account is verified, you may not be able to launch additional instances or create additional volumes. If you are still receiving this message after more than 2 hours, please let us know by writing to aws-verification@amazon.com. We appreciate your patience..

프로비저닝된 후에는 계속해서 폴더 구조를 생성해 클러스터를 구성할 수 있다. 폴더 구조는 MS 윈도우 시스템에서 윈도우 탐색기를 사용해 만든 폴더와 매우 유사하다.

S3 페이지로 돌아가면 새로 프로비저닝된 버킷이 버킷 목록에 표시된다. 버킷 이름을 클릭하면 버킷에 있는 폴더 목록이 나타난다(처음에는 목록이 비어 있다).

여기에서 **폴더 만들기** 버튼을 클릭해 새 폴더를 만들 수 있다.

폴더 만들기 버튼을 클릭하면 다음 스크린샷과 같은 새 폴더의 이름을 지정할 수 있는 입력창이 나타난다.

버킷에 첫 번째 새 폴더를 생성한 것과 같은 방식으로 다음의 3개 폴더를 생성하자.

* HiveScripts: 하이브 쿼리 파일을 업로드하고 저장하는 폴더

- Input: 데이터 파일을 저장하는 폴더
- Output: 데이터를 쓰거나 내보내는 폴더

완성된 폴더 구조는 다음 스크린샷과 같다.

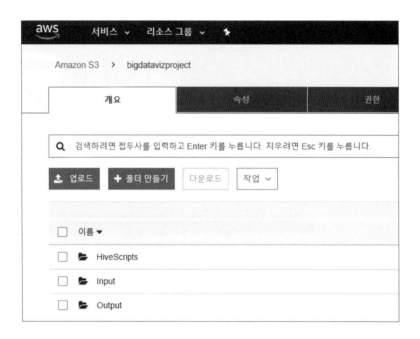

이제 아마존 하둡 환경에서 데이터 파일을 로드하고 처리할 준비가 됐다. 앞서 살펴본 복수의 웹 로그 파일을 이용한 예제로 돌아가자.

다음의 세 가지 웹 로그 파일을 업로드하고 저장하려고 한다.

- weblog1-2016_08_27_01
- weblog1-2016_08_27_02
- weblog1-2016_08_27_03

파일은 현재 로컬 시스템의 폴더에 있다.

weblog1 -2016_08_27_01	8/27/2016 2:01 PM	Text Document	168,740 KB
weblog1 -2016_08_27_02	8/27/2016 2:01 PM	Text Document	168,740 KB
weblog1 -2016_08_27_03	8/27/2016 2:01 PM	Text Document	168,740 KB

데이터 업로드하기

파일을 하둡 환경에 업로드하려면 버킷 내의 폴더 이름[Input]을 클릭한 후, **업로드** 버튼을 클릭하면 다음 스크린샷과 같이 **업로드** 대화상자가 표시된다.

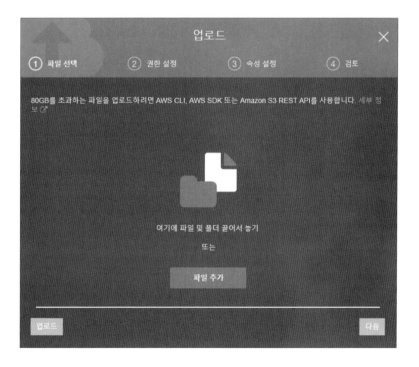

업로드 대화상자에서 **파일 추가** 버튼을 클릭하고 윈도우 탐색을 사용해 각 파일을 찾아 선택한다.

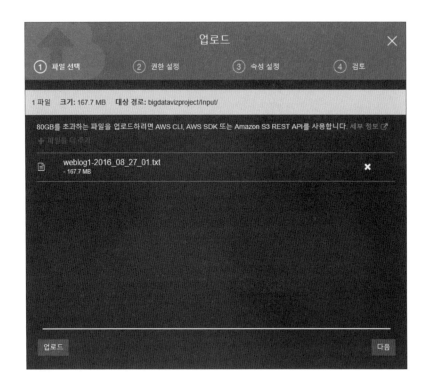

파일을 선택했으면 **업로드** 버튼을 클릭해 파일을 하둡 환경 버킷으로 전송한다. 파일 전송 진행 상태가 다음 스크린샷과 같이 표시된다.

> ℹ 파일을 업로드할 때 각 전송 상태는 페이지 하단의 작동 탭에 표시된다. 또한 전송 상태(진행 중, 성공, 오류 발생)에 따라 확인 가능하다.

예제로 사용된 웹 로그 파일은 그렇게 크지는 않지만 하둡 환경은 무한한 수의 추가 파일과 훨씬 더 큰 용량의 파일을 지원한다.

> ℹ 아마존 AWS 환경에서 저장 공간은 사용하는 만큼 비용이 발생하기 때문에 유일한 제약 사항은 사용자의 예산이다. 관리자는 '대금 및 비용 관리 대시보드' 메뉴에서 월별 지출 금액을 확인할 수 있디. 특히 예상 비용을 포함하는 당월 누적 잔액의 요약을 볼 수 있다.

> ℹ 또한 대용량 파일을 전송하기 위한 서비스인 AWS 스노우볼(Snowball)과 같은 웹 서비스를 활용하는 것이 좋다. 10테라바이트 미만의 데이터를 전송해야 하는 경우 스노우볼은 가장 경제적인 선택이 아닐 수도 있다. 스노우볼에 대한 자세한 내용은 AWS 웹사이트(https://docs.aws.amazon.com/AWSImportExport/latest/ug/whatissnowball.html)에서 확인할 수 있다.

파일이 업로드되면 버킷의 Input 폴더에 다음 스크린샷과 같이 표시된다.

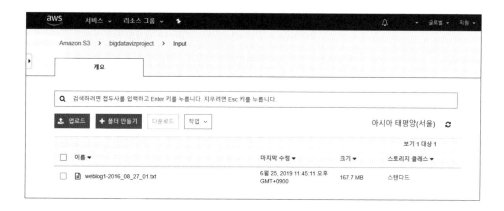

첫 번째 웹 로그 파일을 업로드하는 데 사용한 동일한 업로드 절차를 반복해 추가 파일을 원하는 만큼 업로드할 수 있다.

데이터 조작하기

데이터가 하둡 환경에 로드되면 아마존에서 제공하는 하이브QL을 사용해 데이터를 조작할 수 있다.

하이브는 작성한 쿼리를 하둡 환경에서 원활하게 동작할 수 있게 맵리듀스, 아파치 테즈 Tez, 스파크 언어로 명료하게 변환한다. 사실 SQL을 조금 알고 있다면 하이브를 사용하는 데 큰 어려움은 없을 것이다.

하이브 설명서에는 다음과 같이 설명한다.

> "내부적으로 컴파일러는 하이브QL 구문을 맵리듀스, 아파치 테즈, 스파크 작업의 방향성 비순환 그래프directed acyclic graph로 변환해 실행을 위해 하둡에 전달한다. 하이브의 저장소와 쿼리 작업은 기존 데이터베이스와 유사하다. 하이브는 SQL 언어에서 동작하지만 관계형 데이터베이스와 비교할 때 하이브의 구조와 작업과는 많은 차이가 있다. 주로 하이브가 하둡 생태계 위에 구축돼 하둡과 맵리듀스의 제한 사항을 준수해야 하기 때문에 발생한다."

(이 글을 쓰고 있는 시점에서) 현재 하이브는 연봉이 높은 상위 15개 데이터 관리/빅데이터 분야에서 수요가 가장 많은 기술 중 하나로 선정됐다.

 이력서에 하이브를 적으면 도움이 될 것이다. 포괄적인 하이브 언어 참조 설명서는 다음 링크에서 검토할 수 있다.

https://cwiki.apache.org/confluence/display/Hive/LanguageManual

이전 예제에서는 R 프로그래밍 스크립트를 사용해 다음과 같이 수행했다.

1. 여러 개의 파일을 하나의 큰 파일로 통합
2. 통합한 파일을 읽고 관심 있는 두 개의 데이터 열만 포함된 새 단일 파일 생성
3. 서식 있는 텍스트 문자열이 포함된 첫 번째 데이터 열에서 월 정보만 추출
4. 간단한 시각화를 생성하는 데 사용할 수 있게 월별 웹사이트 수를 계산하고 데이터 집계 생성

이제 데이터가 하둡 환경에 있으므로 하이브 스크립트를 사용해 같은 목적을 달성할 수 있다.

1. 단일 테이블 생성(이는 궁극적으로 통합한 데이터가 된다)
2. 파일을 단일 테이블에 로드
3. 날짜 열 형식을 월 정보로 변경하고 웹사이트 주소 구문 분석
4. 데이터를 월별로 집계

각 접근 방식은 조금 다르다(예를 들어 R은 파일을 사용하고 하이브는 테이블을 사용한다). 하지만 최종 결과는 거의 같다.

모든 하이브 스크립트는 텍스트 파일로 저장하고 데이터 파일 업로드와 같은 업로드 절차를 사용해 HiveScripts라는 이름으로 만든 폴더에 업로드할 수 있다.

 파일 확장명이 .txt여도 제대로 동작하지만 하이브QL 파일을 유용한 정보를 주는 이름으로 구성하고 .sql 확장명으로 저장해 Loadweblogfiles.sql과 같이 한눈에 하이브QL 파일임을 알 수 있게 하는 것이 좋다.

구체적인 예제

예제를 살펴보자.

다음 하이브 스크립트는 MS 윈도우 메모장을 사용해 생성하고 저장했다.

코드를 자세히 살펴보면 다음과 같이 동작한다.

```
CREATE TABLE thebigdatatable (logrecord VARCHAR(550));
LOAD DATA INPATH 's3://bigdatavizproject/Input/weblog1-2016_08_27_01.txt' INTO
TABLE thebigdatatable;
select substr(ltrim(rtrim(logrecord)), 20, 3) from thebigdatatable;
```

- 첫 번째 줄은 "thebigdatatable"이라는 하이브 테이블을 생성하며, 이 테이블에는 "logrecord"라는 하나의 칼럼이 있다.
- 두 번째 줄은 웹 로그 파일(weblog1-2016_08_27_01.txt)의 모든 레코드를 첫 번째 줄에서 생성한 테이블로 로드한다. 파일의 각 레코드는 테이블의 단일 레코드가 된다.
- 세 번째 줄은 각 레코드에서 월 정보를 구문 분석한다.

다음은 스크립트를 실행해 생성된 출력 결과의 일부로, 월 정보를 각 레코드에서 추출한 목록이다.

```
/usr/bin/hive
Jun
Sep
Sep
Jun
Nov
Aug
Oct
Feb
Nov
Sep
Dec
Nov
Jun
Sep
Dec
Jan
Feb
May
Jan
Apr
Mar
Jan
Jun
Mar
Dec
Nov
```

이제 하이브 스크립트의 형태와 저장, 업로드 방법을 알았으므로 더 많은 하이브 스크립트를 실행해 2장의 앞부분에서 R 프로그래밍을 사용해 수행한 내용을 진행할 수 있다.

아마존 AWS 커맨드 라인 인터페이스^{CLI, Command Line Interface}를 사용해 하이브 스크립트를 대화식으로 실행할 수 있지만, 하이브 스크립트를 실행하는 가장 쉬운 방법은 클러스터 내에 단계를 생성하는 것이다.

1. 기본 페이지(또는 AWS 콘솔)로 돌아가면 다음 스크린샷과 같이 EMR 아이콘을 클릭할 수 있다.

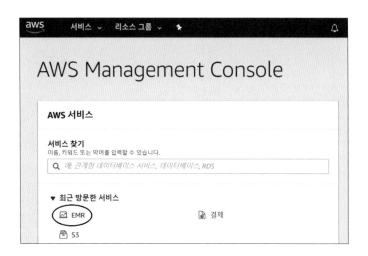

2. EMR 페이지에서 다음 스크린샷과 같이 현재 생성된 모든 클러스터 목록이 표시된다.

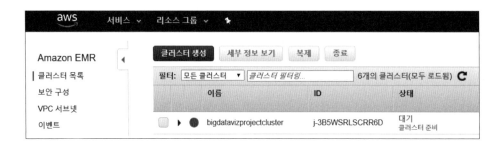

3. 다음 스크린샷과 같이 클러스터 세부 정보 페이지를 열려면 클러스터 이름 (bigdatavizprojectcluster)을 클릭하자.

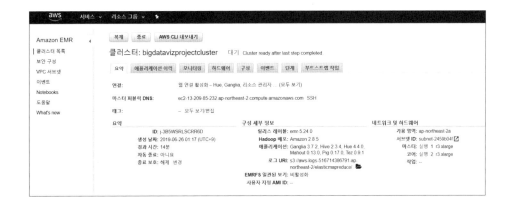

4. **단계** 탭을 선택한 다음, 해당 탭의 왼쪽 아래에 있는 **단계 추가** 버튼을 클릭해 단
계를 생성할 수 있다.

5. **단계 추가** 버튼을 클릭하면 **단계 추가** 대화상자가 표시된다.

6. **단계 유형** 드롭다운 목록에서 Hive **프로그램**을 선택한 다음, 생성하려는 단계의
이름을 지정하자.

이름 예제는 `createmonthtable` 또는 `loadlogdata`일 수 있다.

이제 폴더 아이콘을 선택해 2장의 앞부분에서 생성한 폴더("HiveScripts", "Input", "Output")
를 탐색할 수 있다.

- "HiveSripts" 폴더에서 실행하고자 하는 하이브 스크립트 파일을 선택하자.

- "Input" 폴더(웹 로그 파일이 업로드된 위치)를 선택하자.
- "Output" 폴더를 **출력 S3 위치**로 선택하자.

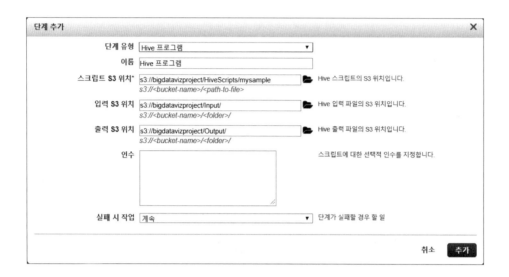

위의 세부 정보를 설정한 다음, 대화상자의 오른쪽 아래에 있는 **추가** 버튼을 클릭하자.

그러면 클러스터 내의 배치 모드에서 클러스터 단계를 실행할 것이다.

단계의 진행 상태는 클러스터 세부 정보 페이지의 단계 섹션에 다음 스크린샷과 같이 표시된다.

이제 더 흥미로운 하이브 스크립트를 작성하고 실행해보자.

앞서 살펴본 하이브 스크립트에서 테이블(thebigdatatable)을 생성한 다음, 다른 하이브 스크립트를 실행해 동일한 하이브QL 명령(LOAD DATA)을 사용해 파일을 테이블에 로드할 수 있다.

```
LOAD DATA INPATH 's3://bigdatavizproject/Input/weblog1-2016_08_27_01.txt' INTO
TABLE thebigdatatable;
LOAD DATA INPATH 's3://bigdatavizproject/Input/weblog1-2016_08_27_02.txt' INTO
TABLE thebigdatatable;
LOAD DATA INPATH 's3://bigdatavizproject/Input/weblog1-2016_08_27_03.txt' INTO
TABLE thebigdatatable;
```

이렇게 하면 모든 파일의 전체 기록이 동일한 단일 테이블로 로드된다.

이 명령은 LOAD DATA와 함께 명시적 파일 위치와 이름 참조를 나타내며, 또한 INTO TABLE과 함께 데이터를 로드할 테이블의 명시적인 이름을 나타낸다.

따라서 R을 사용했을 때처럼 하나의 커다란 단일 파일을 생성했다. 또 다른 핵심점은 구조화된 데이터베이스 테이블에 구조화되지 않은 웹 로그 데이터를 로드했다는 점이다.

다음 하이브 스크립트를 사용해 각 테이블 레코드에서 두 개의 형식이 지정된 열을 만들 수 있다.

```
select substr(substr(logrecord, instr(logrecord,'['), 12),5,3),
substr(logrecord, instr(logrecord,'www'), 250) from thebigdatatable;
```

이 스크립트는 하이브QL 함수(substr, instr)를 사용해 레코드의 월 정보와 웹사이트 주소를 구문 분석한다.

다음은 위 스크립트를 실행하는 하이브 단계가 대기 중인 상태를 보여주는 스크린샷이다.

클러스터: bigdatavizprojectcluster 대기 Cluster ready after last step completed.

요약 에플리케이션 이력 모니터링 하드웨어 구성 이벤트 단계 부트스트랩 작업

단계 추가 단계 복제 단계 취소
단계

모든 대화 형 작업 보기 | 모든 작업 보기

필터: 모든 단계 ▼ 단계 필터링 2 단계(모두 로드됨) C

ID	이름	상태	시작 시간 (UTC+9) ▾	경과 시간	로그 파일 ☑	작업
s-1OQPQSNFSJGBZ	Hive 프로그램	대기 중	—		로그 보기	작업 보기

다음은 스크립트 실행 완료 시 생성되는 출력 결과의 일부로 월 정보와 웹사이트 주소를
나타내는 두 개의 열을 보여준다.

```
/usr/bin/hive
Jun      www.readingphilles.com
Sep      www.hollywood.com
Sep      www.dice.com
Jun      www.farming.com
Nov      www.wkipedia.com
Aug      www.r-project.com
Oct      www.rpropgramming.com
Feb      www.aa.com
Nov      www.farming.com
Sep      www.perl.com
Dec      www.quail.com
Nov      www.cognos.com
Jun      www.GQ.com
Sep      www.dragracing.com
Dec      www.gazette.com
Jan      www.delta.com
Feb      www.wkipedia.com
May      www.phillies.com
Jan      www.coursera.com
Apr      www.coursera.com
Mar      www.movies.com
Jan      www.libraryedu.com
Jun      www.farming.com
Mar      www.usair.com
Dec      www.cosmos.com
```

다음 스크립트는 하위 쿼리를 입력으로 사용해 새로운 형식의 열 테이블을 생성하는 데
활용될 수 있다(생성된 새 테이블을 사용해 데이터 집계를 수행하고 월 정보의 개수를 계산할 수
있다).

새 테이블(dabigdatatable)의 열은 **"mydate"**와 **"mysite"**가 된다.

```
CREATE TABLE dabigdatatable (mydate VARCHAR(64), mysite VARCHAR(64));
```

이제 다음 스크립트를 사용해 새 테이블을 형식이 지정된 레코드로 로드할 수 있다.

```
insert overwrite table dabigdatatable
select substr (substr (logrecord, instr(logrecord,'['), 12),5,3),
substr(logrecord, instr(logrecord,'www'), 250) from thebigdatatable;
```

마지막으로 다음 스크립트는 월별 합계 값을 나열한다.

```
select mydate, count(distinct(mysite)) from dabigdatatable group by mydate
```

다음은 위의 스크립트를 실행해 생성한 출력 결과의 일부다.

```
/usr/bin/hive
Apr     59
Aug     59
Dec     59
Feb     59
Jan     59
Jul     59
Jun     59
Mar     59
May     59
Nov     59
Oct     59
Sep     59
```

결론

2장의 하둡 예제에서 R 프로그래밍을 사용해 완료한 모든 작업을 대부분 수행했다. 실제 작성된 하이브QL 쿼리 구문은 가장 최적의 방법으로 작성되진 않았지만(하이브QL을 사용해 동일한 작업을 수행하는 여러 가지 방법이 있다. 예를 들어 하나의 하이브QL 배치 파일에 모든 쿼리를 실행하고 단일 클러스터 단계로 제출할 수 있다) 하둡 사용의 몇 가지 장점은 다음과 같다.

- 더 많은 파일을 쉽게 저장할 수 있는 공간이 더 많다.
- 하이브를 사용하면 하이브QL을 사용해 대량의 데이터를 쉽게 조작할 수 있다.
- AWS 하둡 환경에서는 R 스크립트를 실행하는 데 걸리는 시간보다 훨씬 짧은 시간 내에 하이브 스크립트를 실행할 수 있다.
- 대용량 파일을 처리할 때 대화식 명령을 실행하는 것보다 효율적인 배치 모드로 스크립트를 실행할 수 있다.
- 다소 구조화되지 않은 데이터를 쉽게 로드하고 조작할 수 있다.

▌ 예제 2

몇 가지 예제를 더 살펴보자.

앞서 언급한 바와 같이 하이브QL 언어는 표준 SQL과 매우 유사하며, 하이브QL을 사용해 추가적인 데이터 조작을 연습하는 데 시간을 투자할 가치가 있다.

중요한 점은 하이브가 HDFS에 저장된 많은 양의 데이터를 편리하게 쿼리하기 위한 인터페이스지만 SQL은 많은 읽기와 쓰기가 필요한 온라인 작업을 위한 것이므로, 매우 유사하지만 다소 다른 목적을 가지고 있다는 것이다.

다음 스크립트는 하이브QL 함수(DISTINCT)를 사용해 특정 달(6월)에 방문한 웹사이트를 식별하는 데 사용할 수 있다.

```
select distinct(mysite) from dabigdatatable where mydate = 'Jun'
```

다음은 위의 스크립트를 실행해 생성한 출력 결과의 일부다.

```
/usr/bin/hive
www.GQ.com
www.aa.com
www.amazon.com
www.anaplan.com
www.apple.com
www.appstore.com
www.bioinformatic
www.cnn.com
www.cognos.com
www.colts.com
www.cosmos.com
www.coursera.com
www.delta.com
www.dice.com
www.dragracing.co
www.eagles.com
www.farming.com
www.feetfirst.com
www.forbes.com
www.gazette.com
www.hilory.com
www.hollywood.com
www.hotels.com
www.hp.com
www.ironpigs.com
www.libraryedu.co
www.lookup.com
www.magabus.com
www.microsoft.com
www.miller.com
www.monster.com
www.movies.com
www.msn.com
www.napa.com
www.nasa.com
```

정렬하기

SQL과 마찬가지로 다음과 유사한 스크립트를 사용해 출력 결과(고유 웹사이트 정보)를 정렬(또는 재정렬)할 수 있다.

```
select distinct(mysite) from dabigdatatable where mydate = 'Jun' order by mysite
```

위의 하이브QL 스크립트는 6월에 방문한 웹사이트 주소의 정렬된 목록을 생성한다.

다음은 위의 스크립트를 실행해 생성한 출력 결과의 일부다.

```
/usr/bin/hive
www.GQ.com
www.aa.com
www.amazon.com
www.anaplan.com
www.apple.com
www.appstore.com
www.bioinformatics.com
www.cnn.com
www.cognos.com
www.colts.com
www.cosmos.com
www.coursera.com
www.delta.com
www.dice.com
www.dragracing.com
www.eagles.com
www.farming.com
www.feetfirst.com
www.forbes.com
www.gazette.com
www.hilory.com
www.hollywood.com
www.hotels.com
www.hp.com
www.ironpigs.com
www.libraryedu.com
www.lookup.com
www.magabus.com
www.microsoft.com
```

첫 번째 웹사이트 주소(www.GQ.com)가 목록 내에서 올바르지 않게 정렬된 것처럼 느낄 수도 있다. 이것은 대소문자를 구분하기 때문이다. 다음 스크립트와 같이 하이브QL을 간단히 수정(ucase 함수 추가)하면 의도한 바와 같이 정렬된 목록이 생성될 것이다.

```
select distinct(mysite) from dabigdatatable where mydate = 'Jun' order by
ucase(mysite)
```

수정된 하이브QL 스크립트를 실행하면 다음과 같은 출력 결과가 생성된다.

```
/usr/bin/hive
www.aa.com
www.amazon.com
www.anaplan.com
www.apple.com
www.appstore.com
www.bioinformatics.com
www.cnn.com
www.cognos.com
www.colts.com
www.cosmos.com
www.coursera.com
www.delta.com
www.dice.com
www.dragracing.com
www.eagles.com
www.farming.com
www.feetfirst.com
www.forbes.com
www.gazette.com
www.GQ.com
www.hilory.com
www.hollywood.com
www.hotels.com
www.hp.com
www.ironpigs.com
www.libraryedu.com
www.lookup.com
www.magabus.com
www.microsoft.com
```

2장의 앞부분에서 "thebigdatatable"이라는 테이블을 생성하고, 이 테이블을 사용해 개별 파일을 로드하고 하나의 큰 데이터 소스(하나의 단일 테이블)로 통합했다. 그런 다음 하이브QL 스크립트를 사용해 월별 방문한 고유 웹사이트 주소의 수를 계산하기 위해 몇 개의 집계를 수행했다.

이번에는 로그 파일에 있는 개별 IP주소를 살펴보자.

IP 구문 분석하기

IP 주소는 월 정보와 웹 주소를 찾은 유사한 방법으로 instr과 substr 함수를 사용해 로그 레코드에서 구문 분석할 수 있다.

```
count(substr(logrecord, 1, (instr(logrecord,'-')-2)))
```

다음과 같이 동일한 함수를 사용해 레코드 내에서 월 정보를 다시 찾을 수 있다.

```
substr(substr(logrecord, instr(logrecord,'['), 12),5,3)
```

앞서 하이브QL을 사용해 형식이 있는 열 테이블을 만들고 로딩한 후 집계 스크립트를 실행했다. 이번에는 테이블을 생성하는 번거로움 없이 다음의 단일 하이브QL 스크립트를 실행해 이 작업을 수행하자.

```
select substr(substr(logrecord, instr(logrecord,'['), 12),5,3),
count(substr(logrecord, 1, (instr(logrecord,'-')-2)))
from thebigdatatable group by substr(substr(logrecord,
instr(logrecord,'['), 12),5,3);
```

해당 스크립트를 실행하면 원하는 출력 결과를 다음 스크린샷과 같이 얻을 수 있다.

```
/usr/bin/hive
Apr        90984
Aug        102551
Dec        87445
Feb        92368
Jan        74878
Jul        86173
Jun        91826
Mar        88219
May        83731
Nov        84281
Oct        85283
Sep        80837
```

월별 IP 주소의 실제 수는 상당히 크지만, 앞서 얻은 출력 결과는 barplot R 함수를 사용해 간단한 막대 차트로 시각화할 수 있다.

```
counts <- c(74878,92368,88219,90984,83731,91826,86173,102551,80837,85283,84281,87445)
barplot(counts, main="IP Counts By Month",
    xlab="Number of Distinct IPs")
```

위의 스크립트를 실행하면 다음 그래프를 생성한다.

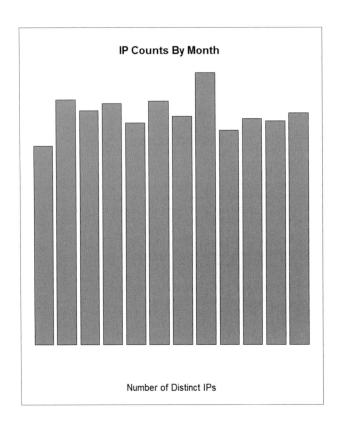

2장에서 아마존 AWS의 일부 기능만 다뤘지만, AWS가 빅데이터 프로젝트에서 발휘할 수 있는 잠재력을 알아볼 수 있었다. 아직 성장하고 있는 AWS의 다양한 기능을 계속해서 살펴보는 것을 추천한다.

아마존 빅데이터 블로그는 빅데이터를 수집, 저장, 정리, 처리, 시각화하는 데 도움을 주는 훌륭한 출처 중 하나다. 해당 블로그는 다음 링크에서 볼 수 있다.

http://blogs.aws.amazon.com/bigdata

▌ 요약

2장에서는 몇 가지 재미있는 하둡 FAQ를 포함해 하둡에 관한 일반론적인 정의를 다뤘다. 단순히 MS 엑셀의 한계에 도달한다고 해서 실제로 빅데이터를 다루고 있다는 의미가 아님을 앞서 언급했으며, 엑셀에서 로드하지 못한 동일한 데이터를 간단한 R 프로그래밍 스크립트 예제를 사용해 조작하고 시각화함으로써 이를 증명했다.

그런 다음 아마존 AWS 환경을 하둡의 기술과 성능을 활용할 수 있는 간단하고 저렴하면서도 강력한 솔루션으로 소개했다. 또한 아마존 AWS 환경을 구성하는 과정을 단계별로 수행했다. 여러 가지 웹 로그 파일을 업로드하고 하이브와 해당 쿼리 언어(하이브QL)를 사용해 데이터에 접근, 조작해 R 프로그래밍 스크립트로 수행했던 동일한 목적을 달성했다.

마지막으로 업로드된 동일한 웹 로그 데이터를 사용한 대안이 되는 몇 가지 하이브QL 실행 예제를 살펴봤다.

3장에서는 작업하는 데이터를 이해하는 중요성과 빅데이터에 문맥을 추가하는 도전 과제를 다룰 예정이다. 또한 해당 문제를 효과적으로 해결하는 솔루션으로 더욱 복잡한 R 프로그래밍 실행 예제를 제공한다.

R을 사용한 데이터의 이해

3장에서는 작업 중인 데이터에 문맥을 추가하는 방법을 알아볼 예정이다.

특히 데이터 문맥을 구축하는 중요성과 문맥 탐색을 위한 데이터 프로파일링profiling 실습 그리고 빅데이터가 이에 얼마나 영향을 미치는지 논의할 것이다.

아마도 언젠가 접근할 수 있는 빅데이터 소스가 마케팅에 쏟는 노력, 수익성, 의사 결정, 심지어 삶에 긍정적인 영향을 미칠 잠재성을 지니고 있음에도 같은 데이터로부터 잘못된 결론을 도출할 위험이 있음을 발견할 것이다. 실제로 데이터가 클수록 이러한 위험이 커진다는 주장이 제기될 수 있다. 다행히 데이터를 올바르게 프로파일링하면 데이터가 제공하는 큰 그림을 좀 더 명확하게 볼 수 있다(이것이 데이터에 문맥을 추가하는 것이다).

3장에서 다루는 내용은 다음과 같다.

- 문맥 추가하기
- R에 관하여
- R과 빅데이터
- 실행 예제 1
- 실행 예제 2

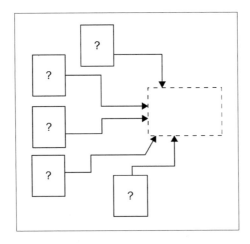

2장, '하둡을 사용한 접근, 속도, 저장'에서 여러 개의 웹 로깅 파일을 단일 데이터 소스 또는 단일 파일로 접근하고 쿼리할 수 있는 하둡 환경으로 로드하는 시나리오를 살펴 봤다.

해당 예제에서는 모든 파일이 같은 소스에서 왔으며 같은 형식이었다. 하지만 현실적으로 이러한 개별 데이터 파일은 데이터의 잠재적 의미나 가치에 영향을 미칠 수 있는 다양한 장소에서 추출될 수 있다.

일반적으로 유사하게 보이는 데이터는 실제로 매우 다른 것을 의미할 수 있다. 예를 들어 평균 심박수는 데이터 풀pool 또는 그룹 안에 환자의 중간 연령인 18~25세의 평균과 65세 이상인 환자의 평균이 같은 경우 현저하게 다른 함축적 의미를 나타낸다.

작가가 책을 쓸 때 독자들을 위해 문맥 단서^{context clue}를 남겨 놓는다. 문맥 단서는 독자들이 어렵거나 독특한 글을 이해할 수 있도록 도와주는 정보의 출처다. 이 정보는 읽거나 소비되는 콘텐츠에 관한 통찰력을 제공한다(예를 들면 "목가적인 날이었다. 양지바르고 따뜻하고 완벽한…"과 같은 글이 될 수 있다).

데이터에서 문맥 단서는 시각화될 때 데이터 소비자가 데이터를 더 잘 이해할 수 있도록 프로파일링이라는 과정을 바탕으로 생성돼야 한다(프로파일링에 관해서는 3장 뒷부분에서 더 자세히 살펴본다). 또한 작업 중인 데이터에 관한 문맥과 관점을 갖는 것은 어떤 종류의 데이터 시각화를 생성해야 하는지 결정하는 중요한 단계다.

문맥 또는 프로파일링 예제는 데이터 내의 환자 또는 대상의 평균 연령을 계산하거나 데이터를 시간 주기(일반적으로 연도 또는 개월)로 세분화하는 것일 수 있다.

데이터에 문맥을 추가하는 또 다른 동기는 데이터에 관한 새로운 관점을 얻는 것이다. 데이터에 존재하는 차이점을 인식하고 검토하는 것이 한 예다. 예를 들어 도시 고등학생의 체질량 지수는 시골 고등학생의 체질량 지수와 비교해볼 수 있다.

시각화를 생성하기 전에 데이터에 문맥을 추가하면 데이터 시각화의 관련성을 높일 수는 있지만, 문맥은 여전히 데이터의 가치를 대체할 수는 없다. 데이터 시각화는 이를 소비하려는 대상에게 도움이 돼야 하므로 시간, 지리적 위치, 평균 연령과 같은 요소를 고려하기 전에 적절한 문맥 요구 사항을 수립하는 것이 중요하다.

 데이터 프로파일링(문맥 추가하기)의 경우 문맥 이전에 데이터의 가치를 생각하는 것이 규칙이다.

일반적으로 시각화에 관한 데이터의 가치와 이해도를 높이거나 증가시키는 데 사용할 수 있는 몇 가지 상황별 시각화 범주가 있다.

이러한 시각화 범주에는 다음 사항이 포함된다.

- 정의 및 설명
- 비교
- 대조
- 경향
- 산포

▎ 정의 및 설명

정의 및 설명Definitions and explanations은 데이터 포인트의 추가 정보나 속성을 제공하는 것
이다.

환자 ID	키	몸무게	체질량 지수
10000001	6.2	195	22.60727
10000002	5.9	200	23.76913
10000003	6.0	180	21.2132
10000004	5.1	145	18.51684

비교

비교Comparisons는 특정 데이터 포인트에 비교할 수 있는 값을 추가하는 것이다. 이를테면
다음 표와 같이 출신지별로 각 합계에 대해 미국 내 순위를 계산하고 추가할 수 있다.

출신지	암 환자 수	미국 내 암 환자 수 순위
NJ	22	23
PA	21	24
CA	23	29

대조

대조Contrasts는 데이터 포인트에 반대되는 것을 추가해 다른 관점을 얻을 수 있는지 확인하는 것이다. 예를 들어 다음 표와 같이 술을 마시는 환자와 술을 마시지 않는 사람의 평균 체중을 검토할 수 있다.

평균 체중(술 섭취)	평균 체중(술 미섭취)
189.0	165.0

경향

경향Tendencies은 데이터 전체 또는 데이터 내의 다른 범주에 대한 평균값, 중앙값, 최빈값과 같은 일반적인 수학적 계산이다. 예를 들어 다음 표와 같이 각 환자가 속한 연령 그룹에 대한 심장 박동수의 중앙값을 추가할 수 있다.

환자 ID	평균 심박수	연령 그룹의 중앙 심박수
10000001	66	71
10000002	100	71
10000003	73	71
10000004	90	71

산포

산포Dispersion는 범위, 분산, 표준편차와 같은 수학적 계산이지만 데이터셋(또는 데이터 내의 그룹)의 평균을 나타낸다. 다음 표와 같이 각 환자 연령 그룹에 대한 데이터에서 최소 혹은 최대 병원 입원 일수와 같은 선택한 값에 범위를 추가할 수 있다.

환자 ID	병원 입원 일수	연령 그룹의 병원 입원 일수 범위
10000001	0	0 - 5
10000002	3	0 - 5
10000003	2	0 - 9
10000004	5	0 - 6

문맥을 추가하고 시각화를 생성하기 위한 새롭고 흥미로운 관점을 파악하는 데이터 프로파일링 기술은 여전히 진화하고 있다. 앞서 언급한 문맥 범주 외에도 현재 빅데이터 시각화 프로젝트로 작업을 진행하면서 활용할 수 있는 다른 범주가 존재한다는 것은 의심의 여지가 없다.

▌ 문맥 추가하기

그렇다면 데이터에 문맥을 추가하려면 어떻게 해야 할까? 단지 삽입을 선택한 다음 데이터 문맥을 선택하는 것일까?

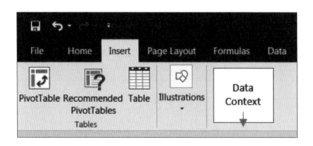

그렇게 간단하지는 않다(하지만 불가능하지는 않다).

빅데이터 소스(또는 많은 양의 데이터)를 수집한 뒤, 어떻게 수많은 로우^{raw} 빅데이터 중 유용한 데이터 시각화를 생성하기 위한 데이터로 변환해 해당 데이터를 더 자세히 분석하고 결론을 뒷받침할 수 있을까?

정답은 데이터 프로파일링을 하는 것이다.

데이터 프로파일링은 쿼리, 실험, 검토를 바탕으로 시각화하려는 데이터를 논리적으로 파악하는 것을 포함한다.

프로파일링 과정이 끝나면 수집한 정보를 사용해 문맥을 추가하거나 새로운 관점을 데이터에 적용할 수 있다. 데이터에 문맥을 추가하려면 형식 재지정, 계산 추가, 집계, 열 추가, 재정렬 등과 같이 데이터를 조작해야 한다. 데이터에 문맥을 추가하면 마침내 데이터를 시각화(또는 형상화)할 준비가 돼 있을 것이다.

전체 프로파일링 과정은 다음과 같다.

1. 데이터 (혹은 충분한 양의 데이터) 추출
2. 쿼리, 실험, 검토를 통한 데이터 프로파일링
3. 관점 또는 문맥 추가
4. 데이터 형상화(시각화)

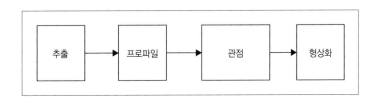

▌ R에 관하여

2장, '하둡을 사용한 접근, 속도, 저장'의 예제에서 R 프로그래밍을 조금 사용했다. 3장에서는 R을 데이터 프로파일링 연습을 수행하고 시각화에 사용될 데이터에 관점을 추가(문맥 구축)하는 도구로 공식적으로 소개한다.

R은 배우기 쉽고 유연한 언어이자 환경이다. 통계 계산에 중점을 둬 조작, 정리, 요약, 통계 작성 등의 작업을 수행하기 수월해 프로파일링, 문맥 구축, 추가 관점 식별을 연습하기에 훌륭한 도구다(또한 실제로 데이터를 시각화할 수도 있다).

추가로 빅데이터를 프로파일링할 때 R을 사용해야 하는 몇 가지 이유는 다음과 같다.

- 많은 통계 학자들에 의해 사용되고 있기 때문에 사라지지 않는 도구다.
- 플랫폼에 독립적이어서 R로 개발한 것은 거의 모든 곳에서 실행할 수 있다.
- 많은 도움 자료들이 있다. 인터넷에서 검색해보면 쉽게 찾을 수 있을 것이다!

R과 빅데이터

R은 무료(오픈소스)이며 매우 유연하고 기능이 풍부하지만, 컴퓨터의 메모리에 모든 것을 보존하므로 빅데이터로 작업할 때 문제가 될 수 있음을 명심해야 한다.

다행히 이러한 제약 사항을 다루는 다양한 선택과 전략이 있다. 예를 들어 일종의 의사 샘플링pseudo-sampling 기술을 사용하는 것이 있으며, 이러한 선택과 전략은 3장의 뒷부분에서 실행 예제와 함께 다룰 예정이다.

또한 R 라이브러리는 하드 드라이브 공간을 활용해 시스템 메모리를 가상으로 확장할 수 있도록 개발, 도입됐다. 이 역시 3장의 실행 예제에서 살펴보자.

▌ 실행 예제 1

첫 번째 실행 예제에서는 입원 시 온라인 설문 조사를 바탕으로 환자의 의료 기록 정보를 수집하는 가상의 한 병원에서 수집한 데이터를 사용한다. 치료가 진행됨에 따라 환자의 파일에도 정보가 추가된다.

이 파일에는 다음과 같이 환자의 기본 신체 데이터, 건강 정보, 의료 기록 등 많은 필드가 포함된다.

- 성별sex
- 생년월일DOBMonth, DOBDay, DOBYear
- 키height
- 몸무게weight
- 혈액형Bloodtype
- 혈압blood_pressure
- 심박수heartrate
- 병원 방문 이력no_hospital_visits
- 수술 이력Surgeries
- 중대 질병Heart_attack, Rheumatic_Fever, Heart_murmur 등
- 현재 의사 진료 여부currently_under_doctors_care
- 직업occupation
- 출신지state
- 학력Education

환자의 특성과 습관을 파악하기 위해 환자가 쇠고기, 돼지고기, 닭고기를 주간 식단에 포함한 횟수나 버터 대체 식품을 평소에 사용하는지 등과 같은 추가 정보가 파일에 수집된다.

데이터는 정기적으로 텍스트 파일에 쉼표로 구분해 저장하고 (해당 순서에 따라) 다음과 같은 필드를 포함한다.

```
Patientid, recorddate_month, recorddate_day, recorddate_year, sex, age,
weight, height, no_hospital_visits, heartrate, state, relationship,
Insured, Bloodtype, blood_pressure, Education, DOBMonth, DOBDay, DOBYear,
```

current_smoker,

current_drinker, currently_on_medications, known_allergies,

currently_under_doctors_care, ever_operated_on, occupation, Heart_attack,

Rheumatic_Fever Heart_murmur, Diseases_of_the_arteries, Varicose_veins,

Arthritis, abnormal_bloodsugar, Phlebitis, Dizziness_fainting,

Epilepsy_seizures, Stroke, Diphtheria, Scarlet_Fever,

Infectious_mononucleosis, Nervous_emotional_problems, Anemia,

hyroid_problems, Pneumonia, Bronchitis, Asthma, Abnormal_chest_Xray,

lung_disease, Injuries_back_arms_legs_joints_Broken_bones,

Jaundice_gallbladder_problems, Father_alive, Father_current_age,

Fathers_general_health, Fathers_reason_poor_health,

Fathersdeceased_age_death, mother_alive, Mother_current_age,

Mother_general_health, Mothers_reason_poor_health,

Mothers_deceased_age_death, No_of_brothers, No_of_sisters,

age_range, siblings_health_problems, Heart_attacks_under_50,

Strokes_under_50, High_blood_pressure, Elevated_cholesterol,

Diabetes, Asthma_hayfever, Congenital_heart_disease,

Heart_operations, Glaucoma, ever_smoked_cigs, cigars_or_pipes,

no_cigs_day, no_cigars_day, no_pipefuls_day,

if_stopped_smoking_when_was_it,

if_still_smoke_how_long_ago_start,target_weight,

most_ever_weighed, 1_year_ago_weight, age_21_weight,

No_of_meals_eatten_per_day, No_of_times_per_week_eat_beef,

No_of_times_per_week_eat_pork, No_of_times_per_week_eat_fish,

No_of_times_per_week_eat_fowl, No_of_times_per_week_eat_desserts,

No_of_times_per_week_eat_fried_foods,

No_servings_per_week_wholemilk,

No_servings_per_week_2%_milk,

No_servings_per_week_tea,

No_servings_per_week_buttermilk,

No_servings_per_week_1%_milk,

No_servings_per_week_regular_or_diet_soda,

No_servings_per_week_skim_milk, No_servings_per_week_coffee

No_servings_per_week_water, beer_intake, wine_intake, liquor_intake,

use_butter, use_extra_sugar, use_extra_salt,

different_diet_weekends, activity_level, sexually_active, vision_problems, wear_glasses

---

다음은 윈도우 메모장에서 파일 일부를 보여주는 스크린샷이다.

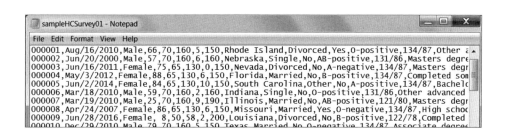

제공된 필드 이름 목록과 입원 시 병원 직원이 데이터를 수집한다는 사실 이외에 데이터에 관한 추가 정보가 없다고 가정하자. 다음 단계는 데이터를 이해하고 문맥과 관점을 추가해 궁극적으로 시각화를 생성할 수 있도록 조사할 데이터에 대해 일종의 프로파일링을 수행하는 것이다.

먼저 파일에서 필드 또는 열 이름을 살펴보면 몇 가지 생각이 떠오른다. 예를 들어 조사하고 있는 데이터의 기간은 어떻게 되는가? 기록 날짜 필드(recorddate_month, recorddate_day, recorddate_year)를 사용해 데이터가 수집된 기간을 도출할 수 있는가?

성별, 연령, 출신지와 같은 필드를 사용해 데이터를 그룹화할 수 있는가?

결국 고려해야 할 것은 데이터를 시각화함으로써 무엇을 배울 수 있는가다. 예를 들면 다음과 같은 질문이다.

- 연령 그룹별로 현재 흡연자의 통계는 무엇인가?
- 병원 방문 횟수에 대한 현재 흡연자의 비율은 얼마인가?
- 현재 의사의 치료를 받는 환자가 평균적으로 더 나은 체질량 지수를 가지고 있는가?

▌ R로 파고들기

R 프로그래밍의 기능을 사용해 데이터에 대한 다양한 쿼리를 수행할 수 있다. 또한 쿼리를 수행해 얻은 결과가 추가 질문이나 쿼리로 파생될 수 있으며, 결과적으로 시각화를 위한 데이터를 준비할 수 있다.

몇 가지 간단한 프로파일 쿼리부터 시작해보자. 나는 항상 시간 관리^{time boxing} 기법을 사용해 데이터 프로파일링을 시작한다.

(앞서 언급한 바와 같이 동일한 목적을 달성하는 많은 방법이 있지만) 다음의 R 스크립트는 이를 위해 적절히 동작한다.

```
# --- 파일을 임시 R 테이블로 읽는다.
tmpRTable4TimeBox<-read.table(file="C:/Big Data Visualization/Chapter 3/
sampleHCSurvey02.txt? sep=",")

# --- R 데이터 프레임으로 변환하고 두 번째 열 또는 데이터 필드만 포함하도록 필터링한다.
data.df <- data.frame(tmpRTable4TimeBox)
data.df <- data.df[,2]

# --- 파일에서 정렬된 연도 목록을 제공한다.
YearsInData = substr(substr(data.df[],(regexpr('/',data.df[])+1),11),(
regexpr('/',substr(data.df[],(regexpr('/',data.df[])+1),11))+1),11)
# -- ListofYears라는 새로운 파일을 작성한다.
write.csv(sort(unique(YearsInData)),file="C:/Big Data Visualization /Chapter 3/
ListofYears.txt",quote = FALSE, row.names = FALSE)
```

위의 간단한 R 스크립트는 프로파일링 중인 데이터에서 발견된 연도를 포함하는 정렬된 목록 파일(다음 스크린샷에 표시된 ListofYears.txt)을 제공한다.

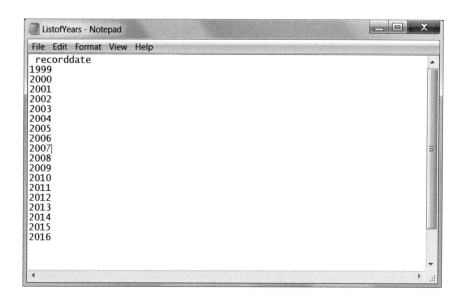

이제 환자 설문 조사 데이터가 1999년에서 2016년 사이에 수집된 데이터를 다루고 있음을 알 수 있다. 또한 이 정보를 바탕으로 데이터에 관한 문맥을 추가할 수 있다.

데이터를 월 단위로 나눠 추가로 분석할 수도 있지만(3장 뒷부분에서 이 작업을 수행할 예정이다) 지금은 기본 그룹 프로파일링에 관해 살펴보자.

데이터의 각 레코드가 고유한 병원 방문을 나타낸다고 가정할 때 성별, 연령, 출신지별로 병원 방문 횟수(레코드 수)를 어떻게 추출할 수 있는가?

데이터 파일의 크기가 프로파일링할 때 사용하는 프로그래밍 또는 스크립팅 접근 방식을 결정하므로, 작업 중인 파일의 크기(행 또는 레코드의 개수)를 설정하는 것이 중요하다.

이를 위해 알아두면 유용한 R 함수가 nrow와 head다. nrow 함수를 사용하면 파일에 포함된 전체 행의 개수를 얻을 수 있다.

```
nrow:mydata
```

다음 코드에 있는 head 함수를 사용하면 첫 번째 n개의 행 데이터를 얻을 수 있다.

```
head(mydata, nrow=10)
```

따라서 R을 사용하면 데이터를 테이블에 로드하고 데이터 프레임으로 변환한 다음 파일의 모든 레코드를 읽고 남성과 여성의 병원 방문 횟수(레코드 수)를 각각 계산하거나 집계하는 스크립트를 작성할 수 있다.

이러한 로직은 다음과 같이 쉽게 작성할 수 있다.

```
# --- tmpRTable이 이미 데이터를 가지고 있다고 가정한다.
datas.df<-data.frame(tmpRTable)

# --- 2개의 카운터 변수를 초기화한다.
NumberMaleVisits <-0;NumberFemaleVisits <-0

# --- 데이터를 읽고 계산한다.
for(i in 1:nrow(datas.df))
{
  if (datas.df[i,3] == 'Male') {
    NumberMaleVisits <- NumberMaleVisits + 1
  }
  if (datas.df[i,3] == 'Female') {
    NumberFemaleVisits <- NumberFemaleVisits + 1
  }
}

# --- 집계를 출력한다.
NumberMaleVisits
NumberFemaleVisits
```

앞에 나온 스크립트로 의도한 결과를 얻을 수 있지만 빅데이터 시나리오에서 각 레코드를 읽거나 루핑하고 계수할 때 시간이 너무 오래 걸리기 때문에 좀 더 효율적인 방법이 있다. 다행히도 R은 SQL의 group by 명령과 유사한 table 함수를 제공한다.

다음은 데이터가 이미 R 데이터 프레임(datas.df)에 있다고 가정하고, 파일의 필드 시퀀스 번호를 사용해 남성과 여성의 병원 방문 횟수를 보여주기 위한 스크립트다.

```
# --- R의 table 함수를 사용해 필드 번호로 그룹화한다.
# --- 환자의 성별은 파일의 세 번째 필드에 있다.


table(datas.df[,3])
```

다음은 위의 스크립트를 실행해 생성한 출력 결과다. 스크립트가 파일의 파일 헤더 레코드를 고유한 값으로 지정하고 있기 때문에 R은 성별(sex)의 개수를 1로 표시한다.

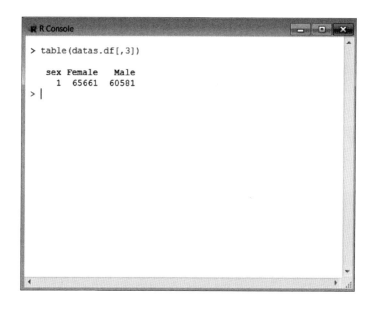

다음의 스크립트를 실행해 파일의 9번째 필드인 출신지(state)를 기준으로 병원 방문 횟수 통계를 표시할 수 있다.

```
table(datas.df[,9])
```

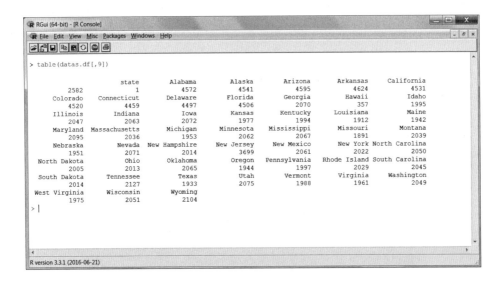

또한 R 함수인 sort와 table을 사용해 연령(age, 파일의 4번째 필드)과 관련된 통계를 구할
수 있다.

```
sort(table(datas.df[,4]))
```

 파일 내에 연령에 대한 값이 몇 가지 더 있기 때문에 R sort 함수를 사용해 출력 결과를 정
렬했다.

계속해서 **current_smoker** 필드(파일의 16번째 필드)를 바탕으로 현재 흡연 환자와 비흡연 환자의 병원 방문 횟수가 차이 나는지 살펴보자.

앞서 사용한 같은 R 스크립트 로직을 활용할 수 있다.

```
sort(table(datas.df[16]))
```

놀랍게도 프로파일링한 결과에 의하면 비흡연 환자(113,681명)가 흡연 환자(12,561명)보다 더 많이 병원에 방문한 것으로 나타났다.

데이터를 프로파일링하기 위한 또 다른 흥미로운 R 스크립트는 다음과 같다.

```
table(datas.df[,3],datas.df[,16])
```

위의 스크립트는 R의 **table** 함수를 사용해 데이터를 그룹화하고, 그룹 내에서 다시 그룹화하는 방법을 보여준다. 즉, 이 스크립트를 사용해서 현재 흡연자와 비흡연자 통계를 성별로 다시 그룹화할 수 있다.

다음 스크린샷에서 여성 흡연자와 남성 흡연자의 차이가 미미한 것을 확인할 수 있다.

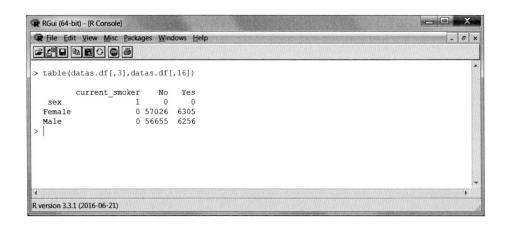

앞서 언급한 간단한 R 스크립트 예제를 사용해 의료 설문 조사 데이터에 몇 가지 문맥을 추가할 수 있었다. 파일에 제공된 필드 목록을 검토하면 큰 노력 없이도 R 프로파일링 쿼리를 작성할 수 있다. 다음 절에서 좀 더 복잡한 프로파일링을 수행하겠지만, 지금은 앞서 프로파일링 예제를 바탕으로 지금까지 배운 내용을 토대로 몇 가지 데이터 시각화를 생성해보자.

성별을 기준으로 한 병원 방문 횟수 통계로 돌아가면, R 함수 **barplot**을 사용해 해당 통계를 시각화할 수 있다. 하지만 우선 스크립트 작성에 유용한 몇 가지 힌트를 살펴보자.

먼저 **table** 함수 대신 **ftable** 함수를 사용하면 **table** 함수에서 얻은 결과의 헤더 레코드 수를 손쉽게 제외할 수 있다.

다음으로 col, border, names.arg, title과 같은 barplot 함수의 추가 인수를 활용해 시각화를 좀 더 보기 좋게 만들 수 있다.

다음은 barplot 함수의 추가 인수를 활용한 스크립트다.

```
# -- ftable 함수를 사용해 헤더 레코드를 제거한다.
forChart<- ftable(datas.df[,3])

# --- 막대 이름을 생성한다.
barnames<-c("Female","Male")

# -- barplot 함수를 사용해 막대를 시각적으로 표시한다.
barplot(forChart[2:3], col = "brown1", border = TRUE, names.arg = barnames)

# --- 제목을 추가한다.
title(main = list("Hospital Visits by Sex", font = 4))
```

스크립트의 시각화된 출력 결과는 다음과 같다.

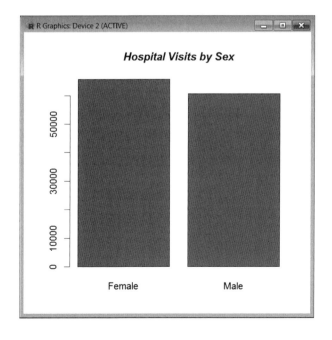

같은 로직으로 출신지별 병원 방문 횟수를 유사하게 시각화할 수 있다.

```
st<-ftable(datas.df[,9])
barplot(st)
title(main = list("Hospital Visits by State", font = 2))
```

그러나 생성된 시각화는 명확하지 않다.

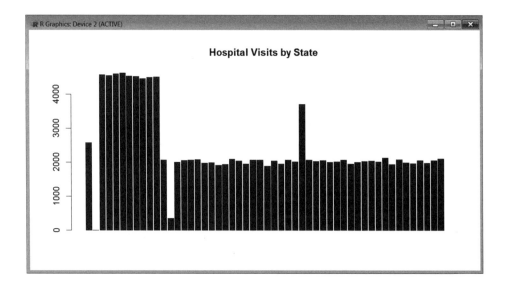

이 데이터를 다시 한 번 프로파일링하면 시각화를 조금 더 유용하게 만들 수 있다. R 함수 substr과 regexpr을 사용해서 파일의 각 연도 내에 출신지별로 병원 방문 횟수에 대한 기록이 포함된 R 데이터 프레임을 생성할 수 있다. 그런 다음 barplot 함수 대신 plot 함수를 사용해 시각화를 생성해보자.

해당 스크립트는 다음과 같다.

```
# --- 원본 테이블 파일에서 데이터 프레임을 생성한다.
datas.df <- data.frame(tmpRTable)
```

```
# --- 파일에서 연도 및 출신지 필드를 사용해 필터링된 레코드 데이터 프레임을 생성한다.
dats.df<-data.frame(substr(substr(datas.df[,2],(regexpr('/',datas.
df[,2])+1),11),( regexpr('/',substr(datas.df[,2],(regexpr('/',datas.
df[,2])+1),11))+1),11),datas.df[,9])

# --- plot 함수를 사용해 시각화를 표시한다.
plot(sort(table(dats.df[2]),decreasing = TRUE),type="o", col="blue")
title(main = list("Hospital Visits by State (Highest to Lowest)", font = 2))
```

다음은 위의 스크립트에서 생성한 다른 (아마도 더 유용한) 버전의 시각화다.

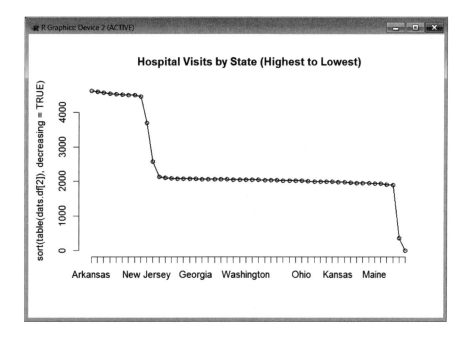

데이터에 대해 앞서 고려한 또 다른 관점은 연령이었다. 또한 R의 **table** 함수를 사용해 연령별로 환자의 병원 방문 횟수를 그룹화했다. 환자 연령 그룹이 다양하기 때문에 다음과 같이 연령 범위를 설정하는 것이 일반적이다.

- 21세 이하

- 22세 이상 34세 이하

- 35세 이상 44세 이하

- 45세 이상 54세 이하

- 55세 이상 64세 이하

- 65세 이상

위의 연령 범위를 적용하기 위해 데이터를 구성하는 데 다음 R 스크립트를 사용할 수 있다.

```r
# --- 연령 그룹 카운터를 초기화한다.
a1 <-0;a2 <-0;a3 <-0;a4 <-0;a5 <-0;a6 <-0

# --- 데이터를 읽고 연령 그룹별 방문 횟수를 집계한다.
for(i in 2:nrow(datas.df))
{
  if (as.numeric(datas.df[i,4]) < 22) {
    a1 <- a1 + 1
  }
  if (as.numeric(datas.df[i,4]) > 21 & as.numeric(datas.df[i,4]) < 35) {
    a2 <- a2 + 1
  }
  if (as.numeric(datas.df[i,4]) > 34 & as.numeric(datas.df[i,4]) < 45) {
    a3 <- a3 + 1
  }
  if (as.numeric(datas.df[i,4]) > 44 & as.numeric(datas.df[i,4]) < 55) {
    a4 <- a4 + 1
  }
  if (as.numeric(datas.df[i,4]) > 54 & as.numeric(datas.df[i,4]) < 65) {
    a5 <- a5 + 1
  }
  if (as.numeric(datas.df[i,4]) > 64) {
    a6 <- a6 + 1
```

```
    }
}
```

파일에 1조 개가 넘는 레코드가 있다면 각 레코드를 루핑하거나 읽는 것은 비효율적이다. 3장의 뒷부분에서는 효율적인 방법을 소개하겠지만, 지금은 편의상 파일 크기가 작다고 가정하자.

위의 스크립트가 실행된 후 R의 pie 함수와 다음 코드를 사용해서 파이 차트 시각화를 생성할 수 있다.

```
# --- 파이 차트를 생성한다.

slices <- c(a1, a2, a3, a4, a5, a6)
lbls <- c("under 21", "22-34","35-44","45-54","55-64", "65 & over")
pie(slices, labels = lbls, main="Hospital Visits by Age Range")
```

생성된 시각화는 다음과 같다.

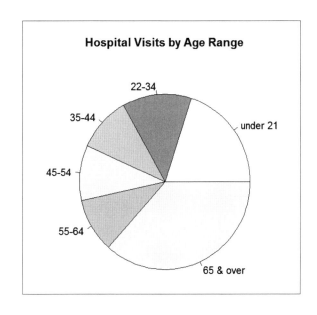

마지막으로 이 절의 앞부분에서 설문 대상 환자가 현재 흡연자인지 나타내는 파일의 16번째 필드 값을 살펴봤다. 총계를 보여주는 단순한 시각화를 생성할 수 있지만, 이 시각화는 그다지 유용한 정보를 제공하지 못한다.

몇 가지 간단한 R 스크립트를 사용해 현재 흡연 환자의 연간 병원 방문 횟수를 보여주는 시각화를 생성할 수 있다.

먼저 R 함수 substr을 사용해 날짜 레코드(date)에서 연도만 저장하도록 R 데이터 프레임(datas.df)의 데이터를 재정의해보자. 이는 다음 단계에서 데이터를 연도별로 집계할 때 수월하게 해준다.

다음은 substr 함수를 사용한 R 스크립트다.

```
# --- 레코드 날짜 필드를 연도 값만 가지도록 재정의한다.
datas.df[,2]<-substr(substr(datas.df[,2],(regexpr('/',datas.df[,2])+1),11),(
regexpr('/',substr(datas.df[,2],(regexpr('/',datas.df[,2])+1),11))+1),11)
```

다음으로 c라는 이름의 R 테이블을 생성해 연도별 레코드 날짜의 연도와 합계(비흡연자와 흡연자)를 저장한다.

이를 위해 사용된 R 스크립트는 다음과 같다.

```
# --- 연도와 흡연자/비흡연자의 합계를 기록한 테이블을 생성한다.
c<-table(datas.df[,2],datas.df[,16])
```

마지막으로 R barplot 함수를 사용해 시각화를 생성해보자.

지금은 시각화에서 보고 싶었던 연도의 데이터를 다음과 같이 단순하게 스크립트에 직접 작성해서 처리했지만, bars와 lbls 객체를 설정하는 방법이 더 현명한 방법일 것이다.

```
# --- 차트값과 차트의 각 막대에 대한 레이블을 설정한다.
bars<-c(c[2,3], c[3,3], c[4,3],c[5,3],c[6,3],c[7,3],c[8,3],c[9,3],c[10,3],c[11,3
],c[12,3],c[13,3])
lbls<-c("99","00","01","02","03","04","05","06","07","08","09","10")
```

막대 차트 시각화를 실제로 생성하는 R 스크립트는 다음과 같다.

```
# --- 막대 차트를 생성한다.
barplot(bars, names.arg=lbls, col="red")
title(main = list("Smoking Patients Year to Year", font = 2))
```

생성된 시각화는 다음과 같다.

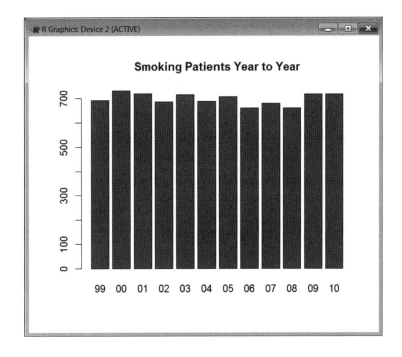

▌ 실행 예제 2

앞서 살펴본 실행 예제에서 기초적인 데이터 프로파일링 방법을 다뤘다. 일반적으로 몇 가지 기초 프로파일링을 바탕으로 문맥을 추가해 해당 데이터에 익숙해지면 데이터를 3장의 앞부분에서 언급한 기법들과 같은 추가적인 방법으로 보기 위해 프로파일링 과정을 확장하게 된다.

원본 데이터를 기반으로 새로운 데이터 포인트를 정의하고, 비교를 수행하고, 데이터 포인트 간의 대조군을 보고, 경향을 식별하고, 산포를 활용해 데이터의 가변성을 확립할 수 있다.

이제 이전 절의 실행 예제에서 사용된 소스 데이터로 간단한 실행 예제와 함께 확장된 프로파일링을 위해, 위의 방법 중 일부를 살펴보자.

정의 및 설명

데이터 프로파일링을 확장하는 한 가지 방법은 추가 정의 또는 설명 속성을 생성해 기존 데이터에 추가하는 것이다(즉, 파일에 새로운 필드를 추가하는 것이다). 이것은 데이터에서 발견된 기존 데이터 포인트를 사용해 데이터에 관한 새롭고 흥미로운 관점을 얻을 수 있게 도와준다.

3장에서 사용된 데이터에서 생각해볼 만한 좋은 예는 환자의 몸무게나 키와 같은 기존 환자 정보를 사용해 체질량 지수^{BMI, Body Mass Index}라는 새로운 데이터 포인트를 계산하는 것이다.

환자의 체질량 지수를 계산하기 위해 일반적으로 통용되는 공식은 다음과 같다.

BMI = (몸무게 (lbs.) / (키 (in))^2) × 703

예: (165lbs.) / (70^2) × 703 = 23.67BMI

다음 R 스크립트는 파일 데이터가 있는 **tmpRTable**이라는 R 객체를 이미 로드했다고 가정하고, 앞의 수식을 사용해 BMI 백분율과 출신지명으로 구성된 새로운 파일을 생성한다.

```
j=1
for(i in 2:nrow(tmpRTable))
{
  W<-as.numeric(as.character(tmpRTable[i,5]))
  H<-as.numeric(as.character(tmpRTable[i,6]))
  P<-(W/(H^2)*703)
  datas2.df[j,1]<-format(P,digits=3)
  datas2.df[j,2]<-tmpRTable[i,9]
  j=j+1
}
write.csv(datas2.df[1:j-1,1:2],file="C:/Big Data Visualization/Chapter 3/BMI.
txt", quote = FALSE, row.names = FALSE)
```

다음은 생성된 파일 일부분이다.

```
V1,V2
9.33,Montana
22.4,Mississippi
22.4,North Dakota
9.33,New Jersey
9.33,Utah
22.4,Kentucky
9.33,Arkansas
9.33,Maine
9.33,Alaska
9.33,Hawaii
9.33,Alabama
22.4,Utah
9.33,New Mexico
22.4,Minnesota
9.33,Pennsylvania
22.4,Rhode Island
```

이제 출신지별 BMI 백분율(출신지별 각 병원 방문당 하나의 BMI 레코드)에 대한 새로운 파일을 보유하게 됐다.

3장의 앞부분에서 파일이나 데이터 소스의 모든 레코드를 루핑하거나 읽어서 다양한 필드 또는 열 값을 기반으로 통계를 구했다. 이러한 로직은 중간 또는 작은 크기의 파일에 대해서는 잘 동작하지만, 훨씬 더 나은 접근 방법은 (특히 빅데이터 파일의 경우) R이 제공하는 다양한 함수를 활용하는 것이다.

루핑 사용하지 않기

앞에서 설명한 R 스크립트가 동작하기는 하지만 파일의 각 레코드를 루핑해야 해서 느리고 비효율적일 수 있다. 이제 더 나은 접근 방법을 생각해보자.

다시 한 번 데이터가 있는 tmpRTable이라는 R 객체를 로드했다고 가정하고, 다음 R 스크립트를 실행하면 단 두 줄로 같은 결과를 얻을 수 있다.

```
PDQ<-
paste(format((as.numeric(as.character(tmpRTable[,5]))/(as.numeric(as.character(t
mpRTable[,6]))^2)*703),digits=2),',',tmpRTable[,9],sep="")
write.csv(PDQ,file="C:/Big Data Visualization/Chapter 3/BMI.txt", quote =
FALSE,row.names = FALSE)
```

이 파일(또는 비슷한 파일)을 추가 프로파일링 연습에 관한 입력으로 사용하거나 시각화를 생성할 수 있지만, 지금은 다음으로 넘어가자.

비교

데이터 프로파일링 중에 비교를 수행하면 데이터에 새로운 다른 관점을 추가할 수 있다. 병원을 방문한 총 흡연 환자 수와 비흡연 환자 수 같은 단순한 레코드 수 외에도, 각 출신지에 대한 총 병원 방문 횟수와 한 출신지에 대한 평균 병원 방문 횟수를 비교할 수 있다. 이것은 출신지별 병원 방문 총 횟수와 전체 병원 방문 총 횟수를 계산한 후 평균을 도출해야 한다.

다음 두 줄의 코드는 R의 table과 write.csv 함수를 사용해 각 출신지에 대한 총 병원 방문 횟수 목록을 파일로 생성한다.

```
# --- 각 출신지에 대한 병원 방문 횟수를 계산한다.
# --- 출신지 ID는 파일의 9번째 필드에 있다.
StateVisitCount<-table(datas.df[9])

# --- 출신지별 집계를 CSV 파일로 작성한다.
write.csv (StateVisitCount, file="C:/Big Data Visualization/Chapter 3/
visitsByStateName.txt", quote = FALSE, row.names = FALSE)
```

다음은 생성된 파일 일부분이다.

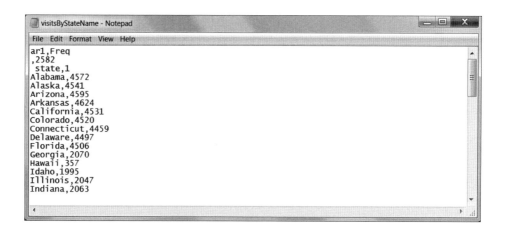

다음 R 명령으로 nrow 함수를 사용해 데이터 소스의 레코드 수를 구한 다음 출신지의 개수로 나눠서 평균 병원 방문 횟수를 계산할 수 있다.

```
# --- 평균을 계산한다.
averageVisits<-nrow(datas.df)/50
```

이러한 방식으로 조금 더 나아가면 미국의 9개 주를 생각할 수 있다. 미국 인구조사국 Census Bureau은 동북 지역을 코네티컷Connecticut, 메인Maine, 매사추세츠Massachusetts, 뉴햄프셔New Hampshire, 뉴욕New York, 뉴저지New Jersey, 펜실베이니아Pennsylvania, 로드 아일랜드Rhode Island, 버몬트Vermont로 지정한다. 파일에 기록된 동북 지역의 총 병원 방문 횟수는 얼마일까?

R의 subset 함수로 이를 간단하게 도출할 수 있다.

```
# --- subset 함수와 "OR" 연산자를 사용해 목록에서 동북 지역만 집계한다.
NERVisits<-subset(tmpRTable, as.character(V9)=="Connecticut"
| as.character(V9)=="Maine"
| as.character(V9)=="Massachusetts"
| as.character(V9)=="New Hampshire"
| as.character(V9)=="New York"
| as.character(V9)=="New Jersey"
| as.character(V9)=="Pennsylvania"
| as.character(V9)=="Rhode Island"
| as.character(V9)=="Vermont")
```

스크립트를 확장해 몇 가지 쿼리를 추가하면 동북 지역과 전체 국가의 평균 병원 방문 횟수를 계산할 수 있다.

```
AvgNERVisits<-nrow(NERVisits)/9
averageVisits<-nrow(tmpRTable)/50
```

이제 시각화를 생성해보자.

```
# -- c 객체는 barplot 함수가 그래프로 표시할 데이터다.
c<-c(AvgNERVisits, averageVisits)

# --- R의 barplot 함수를 사용한다.
barplot(c, ylim=c(0,3000),
ylab="Average Visits", border="Black",
names.arg = c("Northeast","all"))
title("Northeast Region vs Country")
```

다음 스크린샷은 생성된 시각화다.

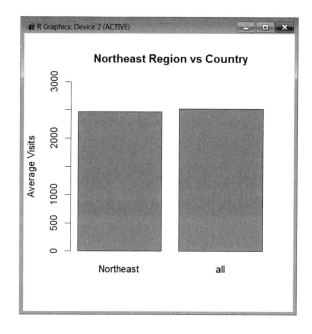

대조

대조적인 데이터를 검토하는 것은 데이터 프로파일링을 확장하는 또 다른 방법이다.

예를 들어 3장의 데이터를 사용해 의사의 치료를 받는 환자와 치료를 받고 있지 않은 환자의 평균 체중을 각 그룹의 평균 체중을 계산한 후 대조할 수 있다.

이를 달성하기 위해 다음의 스크립트를 사용해 각 범주(현재 의사의 진료를 받는 환자와 진료를 받고 있지 않은 환자)와 전체 환자의 평균 체중을 계산해보자.

```
# --- 전체 파일을 읽는다.
tmpRTable<-read.table(file="C:/Big Data Visualization/Chapter 3/sampleHCSurvey02.
txt",sep=",")
# --- subset 함수를 사용해 관심 있는 2개의 그룹을 생성한다.
UCare.sub<-subset(tmpRTable, V20=="Yes")
NUCare.sub<-subset(tmpRTable, V20=="No")
# --- mean 함수를 사용해 파일에 있는 전체 환자의 평균 체중과 개별 그룹의 평균 체중을 구한다.
average_undercare<-mean(as.numeric(as.character(UCare.sub[,5])))
average_notundercare<-mean(as.numeric(as.character(NUCare.sub[,5])))
averageoverall<-mean(as.numeric(as.character(tmpRTable[2:nrow(tmpRTable),5])))
average_undercare;average_notundercare;averageoverall
```

스크립트의 내용을 간략하게 정리하면, 특정 필드(또는 열)의 값을 기반으로 subset 함수를 사용해 데이터의 하위 집합을 작성한 다음 mean 함수를 사용해 그룹의 평균 환자 체중을 계산한 것이다.

스크립트를 실행해 계산된 평균 체중은 다음 스크린샷과 같다.

계산된 결과를 사용해 다음과 같이 간단한 시각화를 만들 수 있다.

```
# --- R의 barplot 함수를 사용해 평균 환자 체중의 막대그래프를 생성한다.
barplot(c, ylim=c(0,200), ylab="Patient Weight", border="Black", names.arg =
c("under care","not under care", "all"), legend.text= c(format(c[1],digits=5),
format(c[2],digits=5),format(c[3],digits=5)))> title("Average Patient Weight")
```

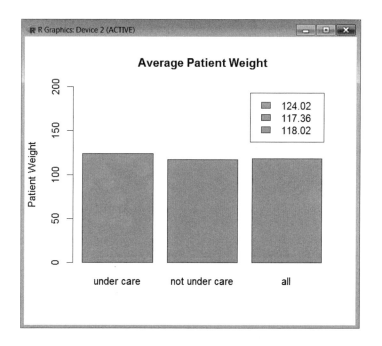

경향

데이터에 존재하는 경향을 식별하는 것도 데이터 프로파일링을 확장하는 유용한 방법이다. 한 예로 3장의 샘플 데이터를 사용해 각 환자 연령 그룹이 주당 섭취한 물의 양을 계산할 수 있다.

이 절의 앞부분에서 연령 그룹별로 방문 횟수를 계산하는 간단한 R 스크립트를 만들었다. 앞서 사용한 샘플 데이터에서 원하는 결과를 얻었지만 빅데이터 시나리오에서는 정상적으로 동작하지 않을 수도 있다. 더 나은 접근 방법은 다음 스크립트를 사용해 데이터를 연령 그룹으로 분류하는 것이다(연령은 파일의 네 번째 필드 또는 열이다).

```
# --- 각 연령 그룹의 부분 집합을 생성한다.
agegroup1<-subset(tmpRTable, as.numeric(V4)<22)
agegroup2<-subset(tmpRTable, as.numeric(V4)>21 & as.numeric(V4)<35)
agegroup3<-subset(tmpRTable, as.numeric(V4)>34 & as.numeric(V4)<45)
agegroup4<-subset(tmpRTable, as.numeric(V4)>44 & as.numeric(V4)<55)
agegroup5<-subset(tmpRTable, as.numeric(V4)>54 & as.numeric(V4)<66)
agegroup6<-subset(tmpRTable, as.numeric(V4)>64)
```

데이터를 그룹화한 후 물의 소비량을 계산해보자. 예를 들어 그룹 1에 대한 물의 총 주간 섭취량(96번째 필드 또는 열)을 계산하려면 다음 코드를 사용할 수 있다.

```
# --- 파일의 96번째 필드는 물의 섭취 횟수를 나타낸다.
# --- 다음 코드는 연령 그룹 1의 총 물 섭취량을 계산한다.
sum(as.numeric(agegroup1[,96]))
```

또는 같은 연령 그룹의 평균 물 섭취량을 계산하려면 다음 코드를 사용할 수 있다.

```
mean(as.numeric(agegroup1[,96]))
```

 파일에서 96번째 필드의 값이 숫자로 돼 있더라도 해당 값을 R의 as.numeric 함수를 사용해 명시적으로 숫자로 변환해야 한다.

이제 새로 추가한 데이터 대한 시각화를 생성해보자. 다음은 시각화를 생성하는 데 사용된 R 스크립트다.

```
# --- 데이터를 연령 그룹으로 그룹화한다.
agegroup1<-subset(tmpRTable, as.numeric(V4)<22)
agegroup2<-subset(tmpRTable, as.numeric(V4)>21 & as.numeric(V4)<35)
agegroup3<-subset(tmpRTable, as.numeric(V4)>34 & as.numeric(V4)<45)
agegroup4<-subset(tmpRTable, as.numeric(V4)>44 & as.numeric(V4)<55)
agegroup5<-subset(tmpRTable, as.numeric(V4)>54 & as.numeric(V4)<66)
agegroup6<-subset(tmpRTable, as.numeric(V4)>64)

# --- 그룹별 평균을 계산한다.
g1<-mean(as.numeric(agegroup1[,96]))
g2<-mean(as.numeric(agegroup2[,96]))
g3<-mean(as.numeric(agegroup3[,96]))
g4<-mean(as.numeric(agegroup4[,96]))
g5<-mean(as.numeric(agegroup5[,96]))
g6<-mean(as.numeric(agegroup6[,96]))

# --- 시각화를 생성한다.
barplot(c(g1,g2,g3,g4,g5,g6),
+ axisnames=TRUE, names.arg = c("<21", "22-34", "35-44", "45-54", "55-64",
">65"))
> title("Glasses of Water by Age Group")
```

생성된 시각화의 스크린샷은 다음과 같다.

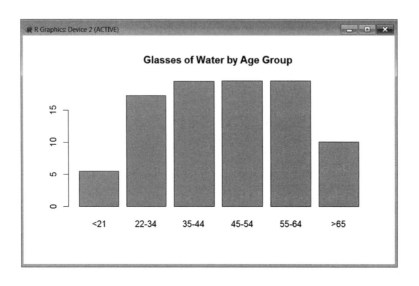

산포

마지막으로 확장된 데이터 프로파일링의 또 다른 방법은 산포를 활용하는 것이다.

산포는 선택된 다양한 요소들이 일종의 중심 집중 경향, 일반적으로 평균에 어떻게 영향을 미치는지 측정한다. 예를 들어 월별 평균 병원 방문 횟수와 관련해 월별로 각 연령 그룹의 병원 방문 총 횟수를 비교해볼 수 있다.

이 예제에서 연령 그룹을 정의한 후 해당 연령 그룹별로 병원 기록을 그룹화하기 위해 앞서 사용한 R 스크립트와 같이 R의 subset 함수를 사용할 수 있다. 다음은 각 그룹에 대한 계산을 수행하는 스크립트다.

```
agegroup1<-subset(tmpRTable, as.numeric(V4) <22)
agegroup2<-subset(tmpRTable, as.numeric(V4)>21 & as.numeric(V4)<35)
agegroup3<-subset(tmpRTable, as.numeric(V4)>34 & as.numeric(V4)<45)
agegroup4<-subset(tmpRTable, as.numeric(V4)>44 & as.numeric(V4)<55)
agegroup5<-subset(tmpRTable, as.numeric(V4)>54 & as.numeric(V4)<66)
agegroup6<-subset(tmpRTable, as.numeric(V4)>64)
```

위의 스크립트는 tmpRTable 객체에 로드된 전체 파일의 하위 집합을 생성하고 전체 파일의 모든 필드를 포함하고 있다는 것을 기억하자.

다음은 agegroup1 그룹 일부분을 보여주는 스크린샷이다.

	row.names	V1	V2	V3	V4	V5	V6	V7	V8	V9	V10
1	1	Patientid	recorddate	sex	age	weight	height	no_hospital_visits	heartrate	state	relations!
2	14	000013	Jun/3/2009	Female	7	65	70	2	200	New Mexico	Divorced
3	15	000014	Jan/8/2013	Male	5	170	73	6	200	Minnesota	Other
4	25	000024	Nov/7/2016	Female	15	65	70	7	200	Idaho	Divorced
5	33	000032	May/7/2002	Male	14	170	73	2	200	New Jersey	5
6	43	000042	Oct/2/2008	Female	18	65	70	0	200	Arkansas	8
7	46	000045	Jan/6/2008	Female	17	65	70	9	200	Indiana	Other
8	55	000054	May/11/2009	Male	14	170	73	8	200	Indiana	Divorced
9	61	000060	Jun/2/2011	Male	15	170	73	3	200	Mississippi	Single
10	62	000061	Jul/6/2015	Male	20	170	73	3	200	South Carolina	Married

연령 그룹별(agegroup1~agegroup6)로 데이터를 분류한 다음, 각 그룹의 병원 입원 일수를 월 단위로 계산할 수 있다(다음 R 스크립트 참조). 지금은 연도를 고려하지 않기 때문에 substr 함수를 사용해 파일에서 월 정보(레코드 날짜의 처음 세 문자)를 추출한다.

다음과 같이 table 함수를 사용해 월별 합계 배열을 생성해보자.

```
az1<-table(substr(agegroup1[,2],1,3))
az2<-table(substr(agegroup2[,2],1,3))
az3<-table(substr(agegroup3[,2],1,3))
az4<-table(substr(agegroup4[,2],1,3))
az5<-table(substr(agegroup5[,2],1,3))
az6<-table(substr(agegroup6[,2],1,3))
```

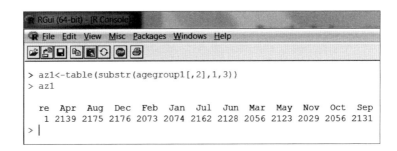

앞서 생성한 월별 합계에 R의 **mean** 함수를 사용해 매월 병원 방문 횟수의 평균을 계산할 수 있다. 다음은 모든 연령 그룹의 1월 합계에 관한 평균값을 구하는 코드다.

```
JanAvg<-mean(az1["Jan"], az2["Jan"], az3["Jan"], az4["Jan"], az5["Jan"],
az6["Jan"])
```

 위의 예제 코드는 매월 평균을 계산하는 데 사용될 수 있다.

다음으로 각 연령 그룹에 대한 월별 합계를 추출해보자.

```
Janag1<-az1["Jan"];Febag1<-az1["Feb"];Marag1<-az1["Mar"];Aprag1<-
az1["Apr"];Mayag1<-az1["May"];Junag1<-az1["Jun"]
Julag1<-az1["Jul"];Augag1<-az1["Aug"];Sepag1<-az1["Sep"];Octag1<-
az1["Oct"];Novag1<-az1["Nov"];Decag1<-az1["Dec"]
```

다음 코드는 합계를 축적해서 나중에 각 연령 그룹당 한 개의 선(Group1Visits, Group2 Visits 등)으로 쉽게 시각화할 수 있도록 도와준다.

```
Monthly_Visits<-c(JanAvg, FebAvg, MarAvg, AprAvg, MayAvg, JunAvg, JulAvg, AugAvg,
SepAvg, OctAvg, NovAvg, DecAvg)
Group1Visits<-c(Janag1,Febag1,Marag1,Aprag1,Mayag1,Junag1,Julag1,Augag1,Sepag1,O
ctag1,Novag1,Decag1)
Group2Visits<-c(Janag2,Febag2,Marag2,Aprag2,Mayag2,Junag2,Julag2,Augag2,Sepag2,O
ctag2,Novag2,Decag2)
```

마지막으로 다음 스크립트를 사용해 시각화를 생성해보자.

```
plot(Monthly_Visits, ylim=c(1000,4000))
lines(Group1Visits, type="b", col="red")
lines(Group2Visits, type="b", col="purple")
lines(Group3Visits, type="b", col="green")
lines(Group4Visits, type="b", col="yellow")
lines(Group5Visits, type="b", col="pink")
lines(Group6Visits, type="b", col="blue")
title("Hosptial Visits", sub = "Month to Month",
      cex.main = 2,   font.main= 4, col.main= "blue",      cex.sub = 0.75,
      font.sub = 3, col.sub = "red")
```

생성된 출력 결과는 다음과 같다.

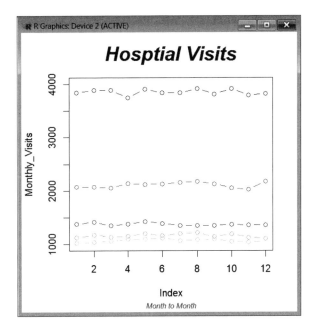

▌요약

3장에서는 R과 함께 데이터 프로파일링을 사용해 문맥을 생성하고 빅데이터에 대한 관점을 식별하는 개념과 중요성을 알아봤다.

또한 빅데이터를 프로파일링하는 효과적인 수단으로 R 프로그래밍 언어를 소개하고 R을 활용한 몇 가지 실행 예제를 살펴봤다.

다시 한 번 말하지만, R은 데이터 프로파일링에 적합한 매우 유연하고 강력한 도구다. 3장에서는 R의 일부 기능만 다뤘지만 현재 사용할 수 있는 언어와 방대한 라이브러리를 사용해 연구하고 실험할 수 있도록 도와준다.

4장에서는 데이터 매니저Data Manager를 사용해 빅데이터 품질에 관해 알아볼 예정이다.

빅데이터 품질 다루기

4장에서는 데이터 품질의 범주와 빅데이터로 인해 발생할 수 있는 품질 문제를 알아볼 예정이다. 또한 이러한 영역을 효과적으로 다룰 수 있는 개념을 실행 예제와 함께 살펴보자.

4장에서 다루는 내용은 다음과 같다.

- 데이터 품질 범주
- 데이터 매니저
- 데이터 매니저와 빅데이터
- 실행 예제 1
- 실행 예제 2

프로그래밍 언어는 프로그래밍을 좀 더 쉽게 할 수 있도록 데이터를 유형^{type} 또는 데이터 유형^{datatype}이라는 범주로 분류한다. 이러한 범주의 데이터는 정의된 종류 또는 가능한 값의 집합으로, 해결책을 마련할 수 있도록 도와준다.

같은 개념이 데이터 품질 문제에 적용될 수 있다. 데이터 품질의 범주를 이해하면 적절한 도구를 선택해 더 쉽게 빅데이터의 품질 문제를 식별하고 해결할 수 있다.

▌데이터 품질 범주

초기 전산 분야에서는 GIGO^{Garbage In Garbage Out}라는 용어가 유명했다. "쓰레기를 넣으면 쓰레기가 나온다"라는 의미다. 컴퓨터가 아무런 판단 없이 모든 데이터를 처리한다는 것이다. 즉, 컴퓨터에서 처리한 데이터의 품질(또는 데이터 시각화에 사용되는 데이터)은 보장되지 않는다. 잘못된 데이터를 사용하면 잘못된 결과가 나온다.

당연한 얘기일지도 모르겠지만, 검토 중인 데이터 시각화가 품질이 좋지 않은 데이터를 사용해 생성됐기 때문에 잘못된 시각을 제시한다는 것은 당연하지 않을 수 있다. 1장, '빅데이터 시각화 소개'에서 살펴본 별자리의 시각화를 다시 떠올려 보자. 잘못된 데이터 포인트를 사용한다면 어떤 모습일지 상상해보자.

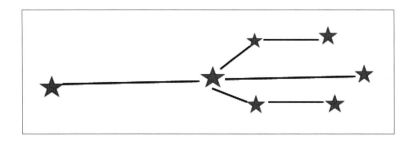

데이터 시각화는 시각화를 생성하는 데 사용된 데이터가 정기적인 검토와 평가를 바탕으로 적절한 수준으로 품질을 보장받았을 때만 가치가 있기 때문에, 많은 양의 데이터를 사

용할 경우 매우 까다로울 수 있다.

사실 데이터 품질은 정확도 또는 완성도의 수준과 데이터의 사용 목적이 밀접하게 연관돼 있기 때문에 상대적이다.

한번 사용 목적을 바탕으로 다음 사항을 고려해보자. 여론 조사의 데이터 품질 수준을 고려할 때 사람들은 여론 조사원이 통계적 신뢰도 수준을 결정한다는 데 동의할 것이다. 즉, 여론 조사원이 그룹의 전체 인원수와 결과의 정확도를 결정한 다음, 사용할 샘플링 sampling 기법을 선택한다.

3장, 'R을 사용한 데이터의 이해'에서 105개가 넘는 필드 또는 열을 포함하는 환자 설문 조사 파일을 살펴봤다. 하지만 주어진 다양한 실행 예제에서 전체 열의 사용을 요구한 적은 없었다. 데이터 품질 수준을 평가할 때 파일의 모든 열에 대한 값이 항상 필요한 것은 아니라는 점을 명심하자.

시간에 따라 변하는 데이터셋은 까다로울 수 있다. 지속해서 실행되거나 시간 의존적인 업데이트 수행으로 인해 시간이 지남에 따라 변경되는 정보가 포함되기 때문이다. 항상 최신 데이터(업데이트 상태)가 필요할 수도 있지만, 부동산 시장 가치를 시각화할 때 분 단위의 최신 데이터를 보유하는 것이 중요한가? 극한 기후 추적의 경우 어떠한가?

이제 곧 말하고자 하는 바가 무엇인지 알게 될 것이다.

1장, '빅데이터 시각화 소개'에 다음 내용이 있었다.

> "데이터의 품질은 입력, 저장, 관리되는 방식에 영향받을 수 있다. 데이터 품질
> 처리 과정에서 데이터를 정기적으로 검토하고 평가해야 하며…"

데이터 품질 문제를 성공적으로 해결하려면 데이터를 이해하고(3장에서 배운 내용) 데이터 문제를 식별하고 해결하는 능력이 필요하다.

1장에서 데이터 품질의 가장 일반적인 범주를 살펴봤다. 그렇다면 해당 범주를 어떻게 다뤄야 할까? 첫 번째 단계는 각 범주를 이해하는 것이다.

- **정확도**accuracy: 다양한 종류의 부정확한 데이터가 존재하며 가장 일반적인 예로는 잘못된 계산, 범위 이탈, 유효하지 않은 값, 중복 등이 있다.

- **완성도**completeness: 데이터 소스는 특정 열의 값, 전체 열, 심지어 전체 트랜잭션을 누락할 수 있다.

- **업데이트 상태**update status: 품질 보증을 목적으로 데이터의 새로 고침 또는 업데이트 주기를 설정하고, 데이터가 마지막으로 저장되거나 업데이트된 시기를 파악할 수 있어야 한다. 이를 대기 시간latency이라고도 한다.

- **관련성**relevance: 목적에 따라 필요하지 않거나 관심 없는 정보를 식별하고 제거할 수 있다. 예를 들어 패션 제품을 분석할 때 식재료 판매 거래 내용을 제거하는 것이다.

- **일관성**consistency: 데이터 소스 간에 정보를 상호 참조하거나 변환하는 것은 일반적이다. 예를 들어 환자 설문 조사에 대한 기록된 데이터를 나중에 쉽게 처리하거나 시각화할 수 있도록 일관된 단일 지표로 변환해야 할 수 있다.

- **신뢰성**reliability: 주로 데이터 수집 방법이 일관된 결과를 가져오는지 확인하는 것과 관련이 있다. 일반석인 데이터 보증 공정에는 기준치와 범위를 설정한 다음, 데이터 결과가 설정된 기댓값에 속하는지 정기적으로 확인하는 과정이 포함된다. 예를 들어 일반적으로 등록된 민주당과 공화당 유권자가 섞여 있는 지역에서 여론조사 결과가 갑자기 100% 단일 정당으로 편향된 데이터로 나타날 경우 문제가 있다고 판단할 것이다.

- **적합성**appropriateness: 데이터는 의도한 목적에 부합할 경우 적합한 것으로 간주하며, 이는 주관적일 수 있다. 일례로 휴일 교통량이 구매 습관에 영향을 미치는 것으로 간주한다(즉, 전몰장병 추모일 주간에 미국 국기의 판매량 증가는 평균 또는 예상 주간 행동을 나타내지 않는다).

- **접근성**accessibility: 필요한 데이터가 쓸모없는 데이터의 바다에 잠겨 접근하지 못할 수도 있기 때문에 데이터의 품질을 떨어뜨릴 수 있다. 이는 빅데이터 프로젝트에서 일반적으로 발생한다. 또한 보안이 데이터 품질에 영향을 미칠 수 있다.

예를 들어 특정 컴퓨터가 캡처된 로깅 파일에서 제외되거나 특정 건강 정보가 공유된 환자 데이터의 일부가 아닌 숨겨진 상태일 수 있다.

▌ 데이터 매니저

빅데이터 품질을 다룰 때, 쉽게 구하고 빠르게 사용할 수 있는 다양한 오픈소스 도구를 선택할 수 있다.

4장에서는 데이터 매니저를 사용한다. 데이터 매니저는 유연한 그래픽 인터페이스를 통해 쉽고 논리적인 방법으로 데이터를 처리하고 조작할 수 있게 도와주는 프로그램이다.

 TIP 실행 예제에서 사용된 데이터 매니저 도구는 datamanager.com.au에서 다운로드할 수 있다.

데이터 매니저는 구분된 파일(쉼표로 구분된 파일 또는 CSV 파일)에 대해 읽기와 쓰기가 가능할 뿐만 아니라 다양한 ODBC^Open DataBase Connectivity 데이터 소스에 대해서도 읽기 기능을 지원해 유연성을 높였다.

데이터 매니저를 사용하면 간단한 마우스 클릭만으로 개념적 설계를 장면^scene으로 구성할 수 있다. 이러한 장면은 데이터를 처리하고 변환하는 방법을 보여준다(생성한 모든 장면은 저장 가능하며, 재사용할 수 있다). 예제에서 볼 수 있듯이 데이터 매니저는 기능 노드^functional nodes의 개념을 사용한다. **Nodes** 메뉴를 사용해 다양한 노드를 추가하고 연결할 수 있으며, 이러한 연결은 데이터 처리의 흐름을 형성한다. 이 모든 작업은 그래픽 작업 영역을 사용해 수행된다(IBM SPSS와 매우 유사하며, 상대적으로 기능이 제한적이지만 무료라는 장점이 있다).

각 데이터 매니저 노드는 데이터에서 단일 기능을 수행한다. 기능 수행을 완료하면 연결된 노드로 출력 노드를 만날 때까지 지속해서 데이터를 전달한다.

데이터 매니저를 사용하면 수십 개의 노드와 여러 입력과 출력 노드를 사용해 매우 단순한 설계는 물론, 복잡한 설계도 가능하다. 데이터 매니저에서 사용할 수 있는 노드 기능에는 추가append, 파생derive, 구분distinct, 채우기filler, 필터filter, 병합merge, 샘플링sample, 선택select, 정렬sort이 포함된다. 출력으로는 배포distribution, 히스토그램histogram, 데이터베이스DB, ODBC, 품질quality, 통계statistics, 테이블table, XY 도표plot를 선택할 수 있다. 또한 외부 명령을 실행하고 비주얼 베이직 스크립트VBScript의 기능을 활용할 수 있다.

█ 데이터 매니저와 빅데이터

데이터 매니저는 대용량 데이터셋 또는 파일을 처리할 수 있지만, 빅데이터를 사용하는 경우 본질적으로 컴퓨터의 자원(프로세서 속도, 메모리, 저장 공간)을 제한한다. 하지만 이는 빅데이터 품질을 처리할 때 (또는 다른 목적을 달성할 때) 유용하거나 효과적이지 않다는 의미는 아니다.

대부분의 빅데이터 시나리오에서와 마찬가지로 빅데이터 문제를 도구 외부에서 처리할 수도 있지만 데이터 매니저의 기능을 활용해 성공적으로 해결할 수 있다. 또한 적절한 전략을 사용해 기계가 갖고 있는 한계를 극복할 수 있다.

다음 절의 실행 예제에서는 이러한 빅데이터 전략의 일부를 설명하고, 앞서 간략하게 설명한 데이터 품질 범주를 다룰 예정이다.

█ 실행 예제 1

시작하기에 앞서 데이터를 제공한 업체에서 데이터 품질이 의심스러운 환자 설문 조사 정보가 포함된 추가 파일을 제공했다고 가정하자. 다음 실행 예제에서 특정 문제를 해결하고 데이터 품질을 개선하기 위해 무엇을 할 수 있는지 알아보자.

데이터 재구성

3장에서 수행한 프로파일링 실행 예제는 데이터에서 시간 정보를 추출해 병원 방문 정보
가 기록된 기간을 도출했다. R을 사용해 파일의 recorddate라는 필드 또는 열에서 발견
한 네 자리 숫자로 구성된 연도의 목록을 생성하고, 해당 목록을 분석해 파일의 데이터가
수집된 기간이 1999년에서 2016년 사이임을 도출할 수 있었다.

이번 예제에서는 추가 데이터를 포함해 재분석한 결과, 다음 스크린샷에서와 같이
recorddate 필드에서 2가지 형식(네 자리와 두 자리)의 연도가 발견됐다고 가정하자.

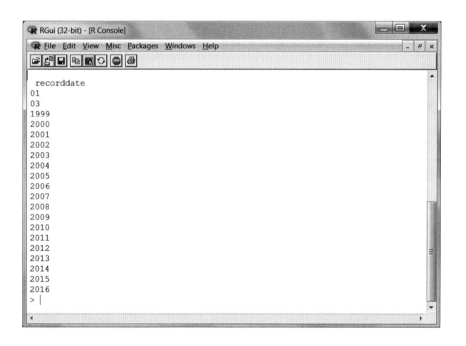

데이터 시각화를 생성하는 과정에서 데이터를 더욱 쉽게 사용하려면 데이터의 형식을 일
관되게 유지하는 것이 좋다. 이 예제에서 01과 2001 값은 유효한 연도이지만, R 스크립

트에서는 별개의 값으로 표시돼 오역을 일으키기 쉽다. 데이터 매니저를 사용하면 두 자리 연도를 네 자리 연도로 쉽고 빠르게 재구성할 수 있다(또는 모든 네 자리 연도를 두 자리 연도로 변환할 수 있다).

지금부터 해당 예제를 자세히 살펴보자.

초기 설정

데이터 매니저는 노드를 사용해 데이터를 처리한다. 노드는 입력 노드Input Nodes, 작업 노드Work Nodes, 출력 노드Output Nodes의 세 가지 유형으로 구분된다. 이러한 노드를 논리 처리 흐름으로 연결해 장면을 구성한다.

노드 선택하기

노드 메뉴(데이터 매니저의 왼쪽에 표시됨)를 스크롤해 Input Nodes를 클릭한 다음 InputFile 노드 아이콘을 클릭해보자. 노드를 클릭하면 마우스 포인터가 십자형 포인터로 변경되고, 다시 마우스를 작업 영역에 클릭하면 선택한 노드가 장면scene에 추가된다.

그리고 위와 같은 과정을 반복해 다음 절차를 수행한다.

1. Work Nodes를 클릭하고 VBScript 노드를 선택해 추가한다.
2. Output Nodes를 클릭하고 Table 노드를 선택해 추가한다.

이제 작업 영역에 있는 3개의 노드를 서로 연결해보자. 다음은 선택된 3개의 노드로 생성된 장면을 보여주는 데이터 매니저의 스크린샷이다.

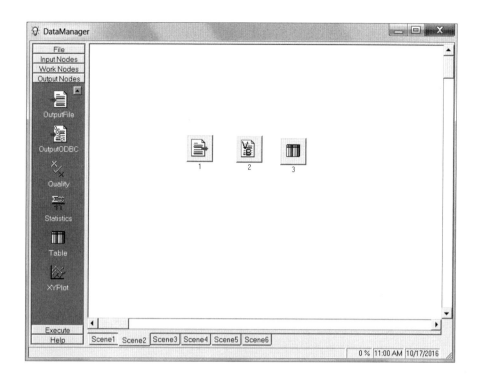

노드 연결하기

노드를 연결하려면 마우스 오른쪽 버튼으로 노드를 클릭하고 Connect Node를 선택한다
(다음 스크린샷 참조).

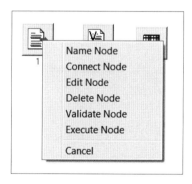

그런 다음 연결할 대상 노드를 클릭한다. 다음 스크린샷과 같이 데이터 매니저에 연결된 노드가 표시될 것이다.

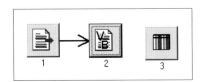

이 과정을 반복해 VBScript 노드를 Table 출력 노드에 연결해보자. 세 노드(입력 노드, 작업 노드, 출력 노드)가 모두 갖춰지면 데이터 매니저 장면의 처리 과정을 설정할 수 있다.

첫 번째 노드인 Input Nodes를 클릭하면 InputFile 대화상자가 표시되며, 대화상자에서 Browse 버튼을 사용해 처리할 파일을 선택할 수 있다(다음 스크린샷 참조).

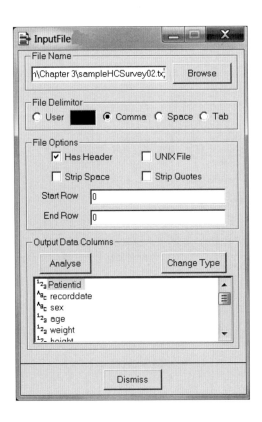

File Delimitor(파일 구분 기호)를 Comma(쉼표)로 선택한 다음, 파일의 첫 번째 레코드가 헤더 행이므로 옵션에서 Has Header를 선택한다(4장의 뒷부분에서 다른 옵션을 살펴볼 예정이다). 아래로 이동해 Analyse를 클릭하면 파일의 첫 번째 레코드에 있는 필드/열이 표시된다. 이제 데이터 매니저가 장면 처리 과정에서 전체 파일을 레코드별로 읽도록 설정됐다. 마지막으로 Dismiss 버튼을 클릭하면 입력 노드 설정이 완료된다.

작업 노드

앞서 장면의 작업 노드로 VBScript 노드를 선택했다. 다시 한 번 Analyse를 클릭하면 노드는 파일의 헤더 레코드를 읽고 필드/열 이름을 표시한다(다음 스크린샷 참조).

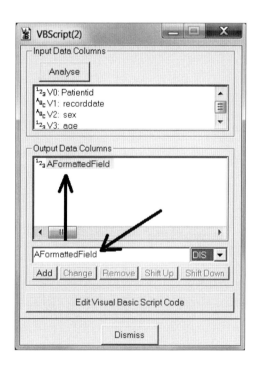

작업 노드를 설정하는 다음 단계는 연도 정보를 지정된 형식으로 저장할 새 필드의 이름을 입력하는 것이다. 새 필드 이름(AFormattedField)을 작성한 다음, 오른쪽의 유형을 선

택해야 한다. 데이터 매니저는 CON을 연속(숫자) 유형으로, DIS를 불연속(텍스트) 유형으로 분류한다. 본 예제에서는 연도 정보의 형식을 네 자리 숫자로 구성된 문자열로 지정할 계획이므로 DIS를 선택했다. 마지막으로 Add 버튼을 클릭하면 Output Data Columns 아래에 입력한 새 필드가 추가된다.

스크립트 코드 추가하기

이번 절에서는 간단한 스크립트 프로그래밍을 다룰 예정이다. Edit Visual Basic Script Code 버튼을 클릭하면 데이터 매니저는 다음 스크린샷과 같이 VBScriptCode 대화상자를 표시한다.

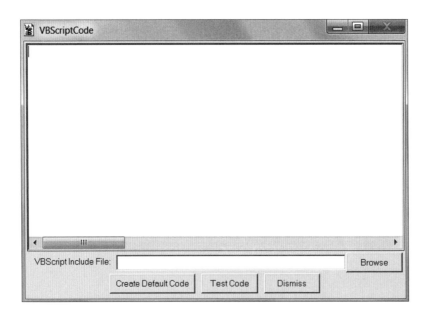

VB 스크립트를 직접 입력하기보다는 Create Default Code 버튼을 클릭하면, 데이터 매니저가 노드의 데이터를 처리하는 데 필요한 로직을 추가할 수 있는 스크립트 템플릿을 제공한다(다음 스크린샷 참조).

템플릿 코드는 스크립트에 포함된 주석으로 잘 설명돼 있으므로 여기서 자세한 설명은 생략하지만, 기본적으로 스크립트는 한 번에 하나의 레코드 단위로 파일을 처리한다. 템플릿 코드를 사용하면 VBScript 노드를 사용할 때마다 처리할 스크립트를 다시 작성하지 않고 필요한 로직에만 집중할 수 있어 무척 유용하다.

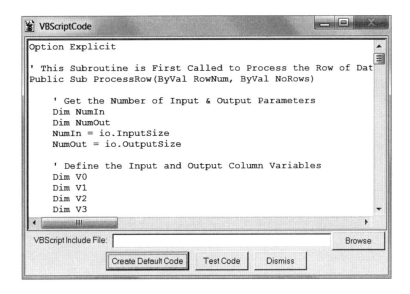

템플릿의 제공된 코드를 아래로 스크롤하면 코드를 추가하라는 주석 행(Add Your Code Here)이 보일 것이다. 해당 줄 아래를 보면 VB 스크립트의 FormatDataTime과 right 함수를 사용해 레코드 날짜 필드를 네 자리 숫자 값으로 변환한 다음 해당 값을 출력 레코드로 다시 전달한다.

```
      ' Add Your Code Here
' --- the following code formats the record date
' --- field and then puts just the 4-character
' --- year into the new column we added

  Dim z
  z = FormatDateTime(V1,2)
  z = right(z,4)

  Out0 = z
```

VBScript 노드의 또 다른 유용한 기능은 **Test Code** 버튼이다. **Test Code** 버튼을 클릭하면 데이터 매니저는 **VBScript** 노드 내의 VB 스크립트 구문을 검사한다. 구문에 오류가 없다면 다음 스크린샷과 같은 메시지가 표시될 것이다.

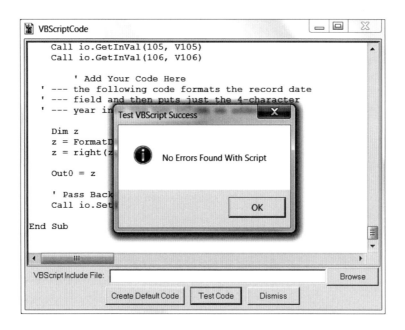

구문에 오류가 있는 경우 계속 진행하기 전에 해당 오류를 수정해야 한다. No Errors 메시지가 표시되면 Dismiss 버튼을 클릭해 대화상자를 닫고 저장한 다음 다시 Dismiss 버튼을 클릭해 VBScript 노드를 닫는다.

마지막으로 출력 노드를 설정해보자. 출력 노드인 Table 노드를 클릭하면 데이터 매니저는 다음과 같이 표시한다.

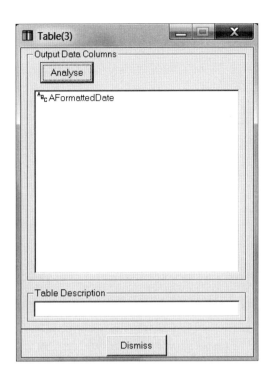

여기서 Analyse 버튼을 클릭하면 데이터 매니저가 새로 추가한 필드를 나열할 수 있다. 이번 예제에서는 Dismiss 버튼을 클릭해 노드를 닫는다.

장면 실행하기

3개의 노드로 이뤄진 장면을 모두 설정했으므로 이제 실행해보자. 이를 위해 데이터 매니저의 노드 메뉴로 돌아가서 Execute 버튼을 클릭하면 다음 스크린샷과 같이 Validate Run, Execute Run, Stop이라는 세 가지 아이콘이 표시된다.

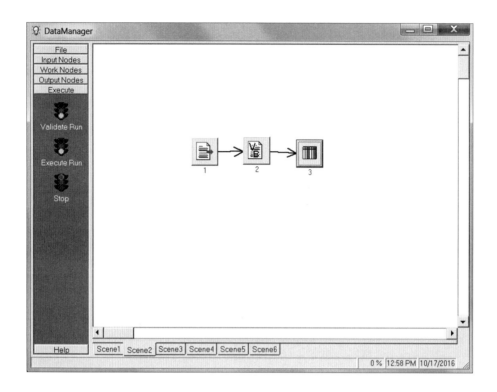

장면을 올바르게 작성했는지 확실하지 않은 경우 Validate Run을 클릭하면 데이터 매니저가 각 노드의 유효성을 검사하고 성공 또는 실패 메시지를 제공한다. 계속해서 Execute Run을 클릭해보자.

데이터 매니저가 장면을 실행하는 동안 실행 과정을 시각적으로 보여준다. 노드가 개별적으로 실행될 때 색상이 변경되고 데이터 매니저 상태 표시줄에 메시지가 표시된다. 장면이 완료되면 다음과 같이 YYYY 형식으로 변환된 연도를 확인할 수 있다.

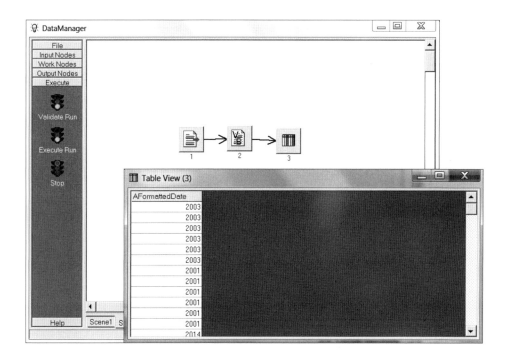

기타 데이터 품질 실행 예제

데이터 매니저의 기본 기능을 어느 정도 익혔으므로 이제 몇 가지 데이터 품질 문제를 추가로 해결해보자.

데이터 매니저의 몇 가지 추가 기능을 알아보기 위해 환자 설문 조사 파일에서 새로운 문제가 발견됐다고 가정해보자. 병원 방문 횟수(no_hospital_visits) 필드에 값이 없는 레코드가 섞여 있음을 알게 된 것이다. 이것은 데이터 완전성이 데이터의 품질 수준에 영향을 미친다는 것을 보여주는 예다.

이번 실행 예제의 목표는 출신지(state)별 병원 방문 횟수를 보여주는 데이터 시각화를 만드는 것이다. 데이터 매니저의 작업 노드를 사용하면 누락된 레코드를 식별하고 값을 채울 뿐만 아니라 레코드를 필터링해 state와 no_hospital_visits의 두 필드로 작업을 진행할 수 있다.

시작하기에 앞서 새로운 데이터 매니저 장면을 생성했다고 가정하자. 이전 예제와 마찬가지로 입력 노드를 추가하고 파일을 읽도록 설정한다. 또한 작업 노드로는 **VBScript** 노드를 사용하는 대신 **Filter**와 **Filler**라는 두 개의 새로운 작업 노드를 추가하고 마지막으로 같은 출력 모드를 추가한다. 그런 다음 앞의 예제에서와 같이 노드를 연결한다(Input ▶ Filter ▶ Filler ▶ Output).

이제 각 노드의 세부 사항을 살펴보자. 다음 스크린샷에 표시된 **InputFile** 대화상자는 첫 번째 예제에서와 같이 설정했음을 보여준다.

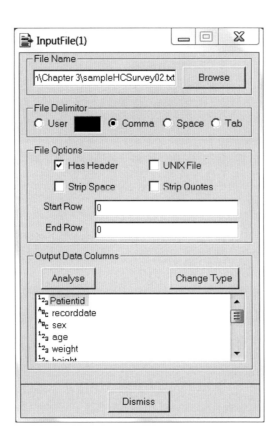

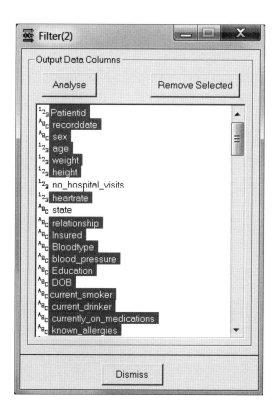

Filter 대화상자에서 불필요한 필드를 선택(앞의 스크린샷 참조)하고 Remove Selected 버튼을 클릭하면, 데이터 매니저는 다음 스크린샷에 표시된 것과 같이 선택한 모든 필드를 제거한다.

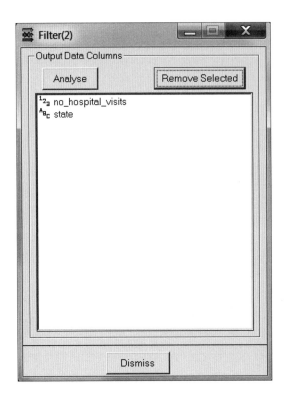

이제 **Dismiss** 버튼을 클릭해 노드를 저장한다. **Filter** 노드는 간편하고 설정하기 매우 간단하다. **Filler** 노드 또한 간편하며, 이 노드를 사용하면 파일의 선택된 열에 있는 모든 레코드의 누락된 데이터를 특정 값으로 채울 수 있다. 몇 번의 클릭만으로 다음 옵션 중 하나를 선택해 열의 누락된 값을 모두 지정하도록 노드를 설정할 수 있다.

- 열에서 발견된 최솟값^{Min}
- 열에서 발견된 최댓값^{Max}
- 열에서 발견된 평균값^{Average}
- 사용자 입력값^{User}

Filler 노드를 클릭 후, **Analyse** 버튼을 클릭하면 데이터 매니저는 이 노드에서 처리할 파일의 필드를 나열한다. 이번 예제의 경우 앞서 **Filter** 노드에서 설정한 **no_hospital_**

visits와 state 필드가 나열된다(다음 스크린샷 참조).

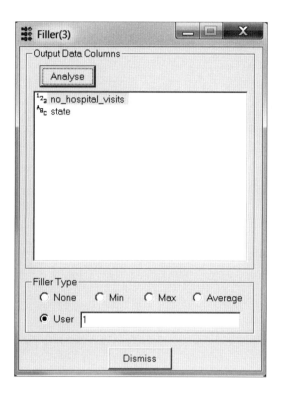

Filler 대화상자의 하단에서 **User**를 선택한 다음 데이터 매니저가 선택한 필드에서 발견한
누락된 레코드를 채우기 위해 사용될 특정 값을 제공한다.

이제 생성한 장면을 실행하면 다음과 같이 두 개의 필드가 있는 레코드 목록이 표시되고,
no_hospital_visits 필드의 누락된 값이 채워진다.

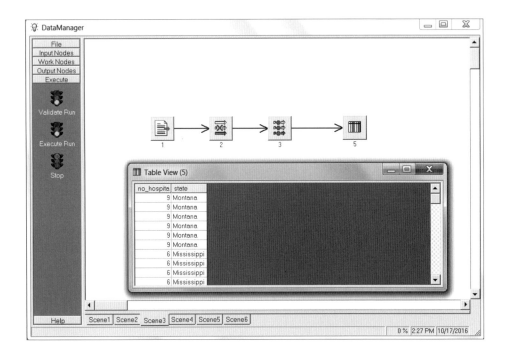

데이터 누락

데이터 매니저는 데이터 누락을 처리하기 위해 Quality 노드를 제공한다. Quality 노드는 읽어 들인 데이터 파일의 열에 있는 데이터를 기반으로 데이터의 품질을 표시한다. 이는 데이터 품질 향상에 소비되는 시간을 절약하게 해준다. 그러나 누락된 데이터는 단순히 공백 또는 널^{null} 값으로 정의되지 않는다. 데이터 매니저는 일반적으로 대부분의 빅데이터 소스를 처리할 때 사용되는 물음표(?)를 누락된 데이터로 인식한다.

Quality 노드는 모든 데이터 매니저 장면에 추가할 수 있으며, 유효한 입력 노드에 연결될 수 있다(다음 스크린샷 참조). Quality 노드의 설정 방법은 쉽고 간단하다. Analyse 버튼을 클릭해 노드가 읽을 데이터 파일을 설정하고 선택적으로 관련 설명을 Quality Description 항목에 작성해 Quality 노드의 출력으로 제공할 수 있다.

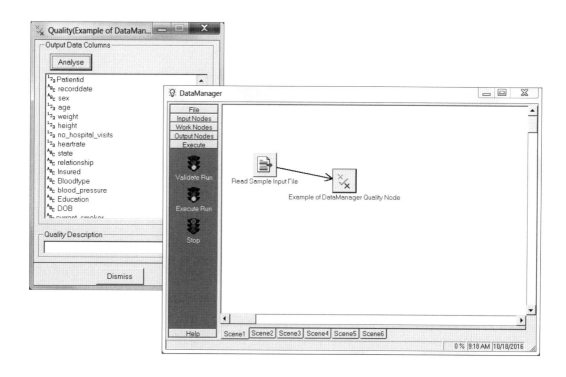

장면을 실행하면 데이터 매니저의 Quality 노드는 다음과 같은 결과를 생성한다.

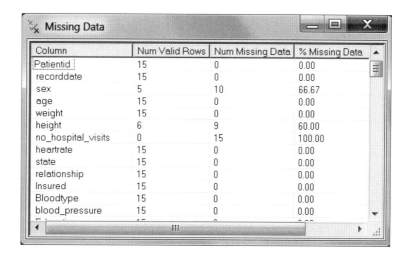

Column	Num Valid Rows	Num Missing Data	% Missing Data
Patientid	15	0	0.00
recorddate	15	0	0.00
sex	5	10	66.67
age	15	0	0.00
weight	15	0	0.00
height	6	9	60.00
no_hospital_visits	0	15	100.00
heartrate	15	0	0.00
state	15	0	0.00
relationship	15	0	0.00
Insured	15	0	0.00
Bloodtype	15	0	0.00
blood_pressure	15	0	0.00

앞서 언급한 바와 같이 이 코드를 동작시키려면 누락된 것으로 설정한 다양한 값(예: 널, 공백, 0 등)을 물음표로 바꾸는 사전 작업을 수행해야 한다.

상태 및 관련성

업데이트 상태 및 관련성에 대한 데이터 품질 실행 예제는 데이터 매니저의 SelectRow와 ExecCmd 노드를 활용해 해결할 수 있다.

앞서 예제에서 사용한 입력 노드를 빈 장면에 추가한 후, 다음의 순서로 노드를 추가하고 연결해보자.

Input > SelectRow > Table > OutputFile > ExecCmd

장면 처리 과정의 첫 번째 노드인 SelectRow부터 살펴보자. SelectRow 노드를 사용하면 처리할 데이터 행을 선택할 수 있으며, 데이터 관련성 문제를 해결할 수 있도록 도와준다. 예를 들어 환자 설문 조사 파일에서 미국 몬태나 주에서 발생한 설문 조사 기록만 검토한다고 가정해보자. SelectRow 노드를 사용하면 이 작업을 쉽게 수행할 수 있다. 먼저 SelectRow 노드를 클릭한 다음 Analyse 버튼을 선택하면, 이전의 다른 노드와 마찬가지로 데이터 매니저는 파일의 모든 필드를 나열한다. 나열된 필드 목록에서 state 필드를 클릭한 다음, SelectRow 대화상자 하단에서 논리 연산자(=)를 선택해보자. 그다음 비교할 값(Montana)을 입력하고 마지막으로 표현식 종결자(OUT)를 지정한다.

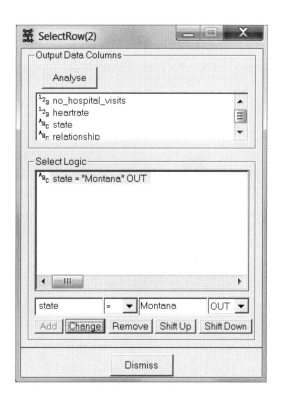

여기에서 생성한 로직은 SelectRow 노드가 관련성이 있는 레코드, 즉 state 필드 값이 Montana인 레코드만 장면의 다음 노드로 전달하도록 지시한다.

이전의 예제에서 Table 노드를 장면의 마지막 노드로 사용해 장면에서 생성된 레코드를 테이블로 생성했다. 이번 예제에서는 OutputFile 노드를 최종 출력 노드로 추가해보자. OutputFile 노드는 설정한 매개변수를 기반으로 데이터를 파일로 생성한다. OutputFile 노드는 다음의 절차를 수행해 간단하게 설정할 수 있다.

1. 데이터 매니저에서 생성할 파일의 이름(그리고 위치)을 설정한다.

2. File Delimitor를 설정한다. 일반적으로 CSV 파일로 저장하기 위해 Comma가 선택된다.

3. 첫 번째 레코드를 헤더 열로 포함하는 것을 나타내는 Has Header를 선택한다.

4. Analyse 버튼을 사용해 파일에 포함할 필드를 확인한다.

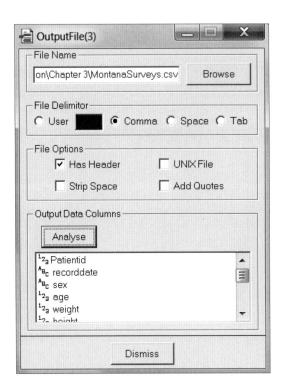

마지막으로 ExecCmd 노드를 이 장면의 최종 단계로 추가해보자. ExecCmd 노드를 사용하면 OutputFile 노드가 수행된 다음, 더 많은 데이터를 처리하기 위해 데이터 매니저에서 외부 응용프로그램을 실행할 수 있다.

이번 예제에서는 ExecCmd 노드의 기능을 사용해 원본 입력 파일을 보관[Archive] 폴더 위치로 이동시키고, 새로 생성한 입력 파일을 입력 폴더로 이동시키는 MS 윈도우 스크립트 파일(.cmd)을 실행한다. 이를 위해 MOVE와 같은 간단한 MS DOS 명령을 사용한다(다음 스크린샷 참조).

ExecCmd 노드는 다음 단계를 수행해서 간단하게 설정할 수 있다.

1. 실행 파일의 이름과 위치를 입력한다(본 예제에서는 RefreshSurverys.cmd 파일을 사용한다).

2. 명령행command-line 런타임 매개변수를 입력한다(본 예제에서는 사용되지 않는다).

3. 세 가지 옵션(Run Command Executable via DOS Program, Wait for Command Executable to Finish, Max Time to Run(Seconds)) 중 하나를 선택한다.

- **Run Command Executable via DOS Program**: 다음과 같은 DOS 명령으로 외부 응용프로그램이 실행된다.

```
command.com /c [myexternalapp.exe] [app arguments]
```

- Wait for Command Executable to Finish: 외부 응용프로그램이 종료될 때까지 데이터 매니저가 대기한다.
- Max Time to Run(Seconds): 데이터 매니저가 지정된 시간 동안 대기한 다음 사용자에게 외부 응용프로그램을 종료할지, 또는 다른 시간 동안 계속 기다릴지 묻는다. Command Executable to Finish 옵션이 선택된 경우에만 유효하다.

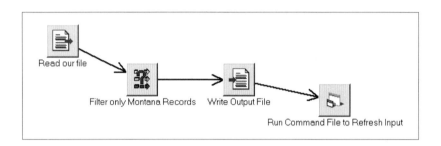

노드 이름 지정

노드를 마우스 오른쪽 비튼으로 클릭하고 Name Node를 신댁하면 노드의 설명이 포함된 이름을 입력할 수 있다. 여기에 제시된 간단한 예제보다 복잡한 데이터 품질 문제를 다루는 작업을 시작할 때, 노드의 이름을 지정하면 장면의 처리 논리를 따르는 것이 훨씬 수월하므로 이 방법을 추천한다.

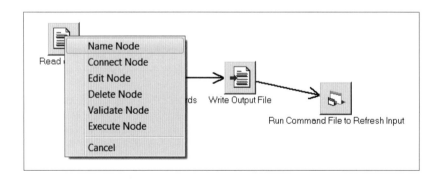

■ 실행 예제 2

데이터 품질이 의심스러울 수 있는 다른 영역으로는 일관성, 신뢰성, 적합성, 접근성이 있다. 데이터 매니저는 이를 해결하기 위해 다양한 수단을 제공한다.

일관성

앞서 살펴본 예제에서는 데이터의 레코드 필드를 다시 구성하기 위해 데이터 매니저의 **VBScript** 노드를 사용했다. 데이터가 유효하지만 일관성이 없는 또 다른 예제로는 성별 필드의 값과 같은 시나리오가 있다.

`Male`, `M`, `Female`, `F`, `1`, `2` 값은 모두 유효한 값이지만 일관성이 없으므로 데이터의 시각화를 어렵게 만든다. **VBScript** 노드는 이러한 문제를 쉽게 해결할 수 있도록 도와준다. VB 스크립트의 기능과 유연성을 사용해 다음 스크린샷과 같은 코드를 작성할 수 있다.

```
' -- code to make sex response consistent
Dim z
z = V2
IF (TRIM(z) = "M") or (TRIM(z) = "1") then
    z = "Male"
end if
IF (TRIM(z) = "F") or (TRIM(z) = "2") then
    z = "Female"
end if

Out0 = z
```

4장의 앞부분에서 언급한 바와 같이 많은 경우 데이터 소스 전반에 걸쳐 정보를 상호 참조하거나 변환해야 하며, 일부 경우에는 **VBScript** 노드를 사용할 수 있다. 그러나 Quality 노드를 연습했을 때처럼 유효한 값의 수가 많은 경우 사전 작업을 수행하는 것이 가장 적합하다. 현재 각각의 값에 대해 테스트할 때, **IF**문 로직을 작성하는 것만큼 편리한 방법이 없기 때문이다.

신뢰성

신뢰성 문제를 다룰 때 데이터 포인트에 대해 최대(또는 최소) 유효값을 설정하고 해당 값보다 크거나 혹은 작은 파일 내의 모든 레코드를 무시할 수 있다.

예를 들어 환자 설문 조사 데이터에서 심박수가 27(기네스북에 기록된 가장 낮은 수치)보다 작고 299(대부분 의사가 매우 위험한 것으로 간주하는 수치)보다 큰 경우 오류로 간주해서 해당 환자 설문 기록을 완전히 무시한다고 가정하자. VBScript 노드를 다시 사용할 수도 있지만, 이번 예제의 경우 SelectRow 노드를 사용하는 편이 더 편리하다. SelectRow 노드를 사용하면 논리 표현식을 설정해 다음 노드로 전달할 행을 결정할 수 있다.

다음 스크린샷은 SelectRow 노드에 환자 설문 파일의 심박수 필드(heartrate)를 기반으로 한 로직을 추가한 것이다.

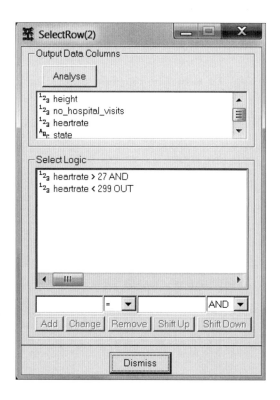

첫 번째 단계로 Analyse 버튼을 사용해 파일의 모든 필드를 읽는다. 다음 단계로 필드 목록에서 heartrate를 선택한 다음, 논리 연산자(<)를 선택한다. 마지막으로 최솟값(27)을 입력하고, 구문 연속자(AND)를 선택한다. 최댓값에 대한 과정을 `"heartrate < 299 OUT"`(OUT은 논리 구문을 종료함)으로 반복한다.

그런 다음 SelectRow 노드를 다른 작업 노드 또는 출력 노드에 연결해 처리 과정을 완성한다.

SelectRow 노드를 사용해보면 VB 스크립트에 실제 논리 구문을 작성하는 것보다 빠르다는 것을 알 수 있다. 또한 단일 SelectRow 노드 내에 많은 논리문을 추가할 수 있으므로 이 노드를 데이터 매니저 장면에서 매우 강력한 단계로 만들 수 있다.

SelectRow 노드와 함께 빅데이터로 작업할 때 매우 유용한 노드는 Filter 노드다. Filter 노드를 사용하면 입력 데이터를 필터링하고 나머지 데이터를 다음 노드에 전달할 수 있다. 필터링은 출력으로 전달할 열을 선택하는 것을 기반으로 한다. 요점은 데이터 소스 내에 많은 데이터 열이 있고 특정 시각화를 위해 세 개의 열만 필요하다고 가정할 때, 사용되지 않는 나머지 열을 제거하는 것이다.

Filter 노드를 사용할 때 Analyse 버튼을 선택해 파일의 전체 필드 목록을 보고 제거하려는 모든 필드를 선택한다(다음 스크린샷 참조). 마지막으로 Remove Selected를 클릭하면 선택하지 않은 나머지 열만 데이터 매니저 장면의 다음 노드로 전달하도록 설정된다.

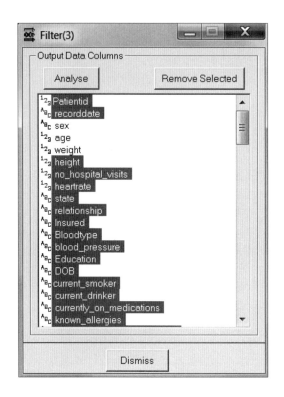

적합성

4장의 앞부분에서 파일 내의 특정 데이터가 시각화에 포함하기에 부적합할 수 있다는 점을 소개했다. 또한 원치 않는 (부적합한) 데이터를 제거하기 위해 Filter와 SelectRow 노드를 사용하는 방법도 살펴봤다. 데이터 샘플링은 특정 사용을 목적으로 데이터의 특정한 조각이나 하위 집합을 선택하는 개념이다. 데이터 매니저는 Sample 노드를 제공해 데이터 샘플링을 수행할 수 있도록 도와준다.

데이터 매니저의 Sample 노드를 사용하면 입력 행을 통계적으로 샘플링하고 데이터 매니저 장면의 다음 노드로 전달할 수 있다. Sample 노드는 샘플링된 행 또는 해당 행을 제외한 나머지 행을 새로운 데이터셋으로 전달할 수 있다. 이 노드는 데이터 소스에서 제공하는 모든 레코드를 처리하는 것이 매우 어려울 수 있는 빅데이터로 작업할 때 특히 유용하다.

Sample 노드를 입력 노드에 연결하고 Analyse 버튼을 클릭해 데이터 소스의 모든 필드를 읽은 뒤 다음과 같이 설정해보자.

1. Mode 선택: Pass on은 데이터에서 샘플을 생성하고 해당 행만 장면의 다음 노드로 전달한다. Discard는 샘플을 제거하고 나머지 행을 장면의 다음 노드로 전달한다.

2. Style 선택: First는 Style Entry 텍스트 상자에 설정된 숫자만큼 행을 선택한다. 1 – in – N은 첫 번째 행에서부터 전체 행의 개수를 N으로 나눈 수만큼 선택한다(N은 Style Entry 텍스트 상자에 설정된 숫자다). Random은 행을 Style Entry 텍스트 상자에 설정된 값을 기반으로 결정된 임의 비율로 행을 선택한다.

다음은 설정된 Sample 노드의 예다.

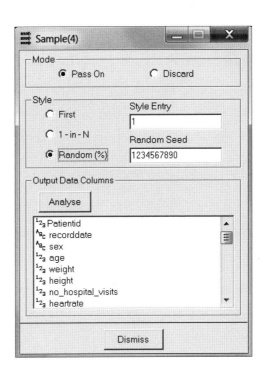

접근성

마지막으로 데이터의 품질은 전체 또는 일부의 접근성에 영향을 받을 수 있다. 필요한 특정 데이터는 수백만 행의 관련성 없는 데이터에 포함되거나 같은 서식(혹은 다른 서식)으로 지정돼 다른 파일에 존재할 수 있다. 3장, 'R을 사용한 데이터의 이해'에서 프로파일링에 관해 살펴보고 데이터를 파악해 문맥을 추가했다. 데이터를 식별한 다음, 데이터 매니저를 사용해 관련성이 높은 정보의 고품질 파일을 생성할 수 있다.

4장에서 이미 살펴본 노드 외에도 데이터 매니저는 Distinct, Append, Merge, Sort 노드를 제공한다. 이러한 작업 노드를 사용해 요구 사항을 충족하는 데 필요한 데이터를 포함하는 단일 데이터셋을 생성할 수 있다.

- Distinct 노드: 선택한 열에 대해 공통 데이터값을 갖는 행을 필터링하며, 출력 데이터에는 고유한 행만 포함된다.

- Append 노드: 두 개의 입력 데이터 스트림을 하나의 출력 데이터 스트림에 추가한다. 두 입력 스트림에 일치하는 열 유형이 포함된다면 Input 1의 행이 기록되고 그다음 Input 2의 행이 기록되도록 양쪽 입력 스트림을 결합한다.

- Merge 노드: 두 개의 입력 데이터 스트림을 하나의 출력 데이터 스트림으로 병합한다. 병합은 행 단위로 수행되거나 왼쪽 외부 조인$^{left-outer-join}$을 통한 키 병합$^{key merge}$이 수행된다. 이 방법은 Merge 노드에 입력되는 입력 열에 따라 결정된다.

- Sort 노드: 입력 열을 선택해 입력 데이터를 행별로 정렬한다. 또한 정렬 방법을 선택할 수 있다.

파일 병합 예제: 여러 파일을 단일 데이터셋으로 병합해본 사람이라면 이것이 매우 지루한 작업이라는 것을 알고 있을 것이다. 하지만 데이터 매니저를 사용하면 이러한 작업을 간단히 수행할 수 있다.

먼저 4장의 이전 예제에서와 같이 설정된 입력 노드가 각 데이터 파일에 대해 필요하다. 병합할 파일이 두 개 이상인 경우 Merge 노드를 추가해야 한다. Merge 노드는 두 개의 파일만 병합하는 것으로 제한되므로 첫 번째 Merge 노드의 출력을 다시 병합해야 한다.

Merge 노드는 두 개의 입력 노드를 Merge 노드에 연결하고 Analyse 버튼을 클릭하면 설정된다. 선택적으로 노드의 Output 탭에서 Full Left Outer Join(전체 왼쪽 외부 결합) 옵션을 설정할 수 있다(다음 스크린샷 참조). 이 옵션을 사용하면 Input 2의 행과 일치하는 항목이 없을 때 Input 1의 행을 출력으로 전달할지를 지정할 수 있다.

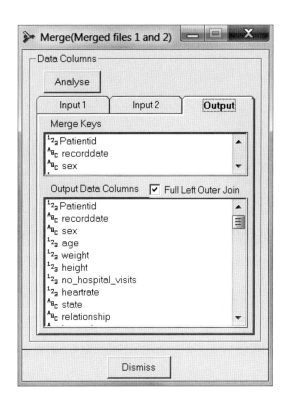

Input 1 탭은 첫 번째 연결된 입력 노드에서 Merge 노드로 공급되는 열을 표시하고, Input 2 탭은 두 번째 연결된 입력 노드에서 Merge 노드로 공급되는 열을 표시한다. Output 탭에는 Merge 노드에서 데이터 매니저 장면의 다음 노드로 전달되는 열과 병합이 수행되는 방법이 표시된다.

다음 스크린샷은 Merge 노드를 사용해 세 개의 파일을 단일 테이블로 병합하는 데이터 매니저의 장면을 보여준다.

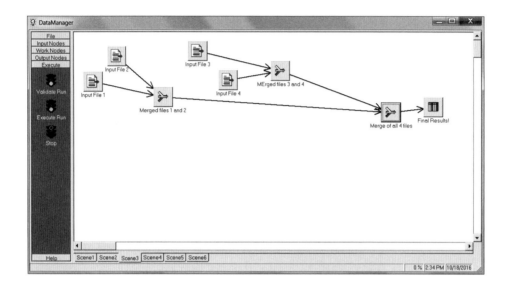

Merge 노드는 메모리를 많이 소모하는 처리 절차일 수 있다. 따라서 특히 빅데이터로 작업할 때는 병합하기 전에 작업 노드를 활용해 병합할 데이터의 양을 줄이는 것이 좋다.

기타 출력 노드

데이터 매니저가 제공하는 다른 유용한 출력 노드에는 Distribution, Histogram, Statistics, XYPlot 노드가 있다. 데이터 프로파일링과 데이터 품질 보증 작업을 수행할 때 유용하다.

- Distribution 노드: 선택한 열에 포함된 각각의 데이터값을 분포도로 표시한다.
- Histogram 노드: 선택한 연속된 열에 포함된 연속적인 데이터값을 막대그래프로 표시한다.
- Statistics 노드: 읽어 들인 열의 데이터 통계를 표시한다.
- XYPlot 노드: 선택한 연속된 열의 XY 도표를 표시한다.

위에 언급한 데이터 매니저의 노드뿐만 아니라 데이터 매니저가 제공하는 다른 기능 또한 자세히 살펴볼 가치가 있다.

▌ 요약

4장에서는 기본적인 데이터 품질의 개념과 데이터 품질을 위한 다양한 범주를 소개했다. 또한 쉽게 구할 수 있고 매우 유용한 데이터 매니저 도구가 다양한 데이터 품질 문제를 해결하기 위한 수단으로 제시됐다.

5장에서는 다시 데이터 시각화에 대한 주제로 돌아온다. D3를 사용해 분석된 결과를 효과적으로 시각화하는 방법과 빅데이터로 인해 직면하게 되는 데이터 시각화의 몇 가지 도전 과제를 살펴볼 예정이다.

D3를 사용해 결과 표시하기

데이터 시각화Data Visualization는 정보를 그래프로 시각화해 특정 데이터에 대한 관점을 제시한다. 오늘날의 비즈니스는 엑셀상의 간단한 그래프와 차트뿐만 아니라 스프레드시트에서 집계된 트랜잭션 행을 기반으로 훨씬 더 많은 정보를 요구한다.

5장에서는 빅데이터 분석 프로젝트의 결과를 시각화하기 위해 웹 브라우저와 데이터에 기반을 둔 문서D3, Data Driven Documents를 사용한 데이터 시각화 과정을 살펴보자.

5장에서 다루는 내용은 다음과 같다.

- D3란?
- D3와 빅데이터
- 몇 가지 기본 예제
- 더 많은 예제

▌ D3란?

D3(또는 D3.js)는 이전 모델인 Protovis 프레임워크 기반의 오픈소스 자바스크립트 라이브러리다. 오늘날 웹 표준을 사용해 데이터를 시각화하려는 목적으로 설계됐다.

D3는 SVG^{Scalable Vector Graphics}와 Canvas, 표준 HTML을 사용해 데이터를 더욱 돋보이게 한다.

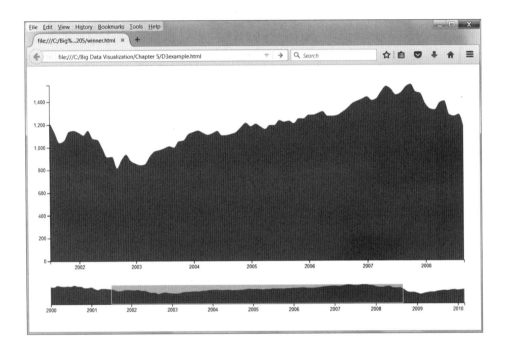

D3는 강력한 시각화와 상호작용 기법과 DOM 조작에 대한 데이터 주도 접근 방식을 결합해 최신 브라우저의 모든 기능을 지원하고 데이터에 적합한 시각적 인터페이스를 자유롭게 설계할 수 있다.

다른 많은 라이브러리와 달리 D3.js는 상당한 수준까지 데이터의 시각화를 제어할 수 있다. D3.js는 2019년 8월에 버전 5.10.0으로 발표됐다.

D3는 HTML 웹 페이지에 내장되며 미리 작성된 자바스크립트 함수를 사용해 요소를 선택하고 SVG 객체를 만들고 스타일을 지정하거나 전환과 동적 효과 등을 추가할 수 있다.

D3.js 라이브러리에 관한 자세한 정보는 https://D3js.org에서 확인할 수 있다.

▌ D3와 빅데이터

먼저 D3.js 라이브러리 함수를 사용해 빅데이터셋을 일반적인 SVG 객체에 쉽게 바인딩하거나 사용할 수 있다고 가정해보자.

데이터는 다양한 포맷일 수 있다. 흔히 JSON 또는 쉼표로 구분된 값(CSV), geoJSON이겠지만 필요한 경우 자바스크립트 함수를 작성해 다른 데이터 포맷을 읽을 수도 있다.

그러나 빅데이터 관점에서 데이터가 많다는 것이 곧 큰 것^{big}은 아니다.

현실적으로 500개 레코드의 CSV 파일을 바인딩하는 것과 50만 레코드의 파일을 바인딩하는 것을 비교하기는 어렵다.

그렇다면 빅데이터의 컨텍스트를 파악할 때 D3가 실제로 도움이 될 수 있을까?

D3는 낮은 수준으로 빅데이터의 컨텍스트를 파악하기 때문에 빅데이터 시각화 프로젝트에는 적합하지 않다고 생각할 수 있다. 물론 D3.js 라이브러리로 기가바이트 수준의 빅데이터를 처리할 수는 없지만 데이터의 전처리를 수행하고 특히 결과를 이해하는 데 D3가 유용하다.

사실 이 책의 이전 장인 2장, '하둡을 사용한 접근, 속도, 저장'(하둡 환경에 데이터를 로드한 다음 하이브^{Hive}를 사용해 데이터를 실행 가능한 요약으로 조작한 경우), 3장, 'R을 사용한 데이터의 이해'(R 스크립팅 기능을 사용해 시각화를 위해 데이터를 유용한 요약으로 프로파일링하기)와 4장, '빅데이터 품질 다루기'(DataManager로 데이터를 시각화해 데이터 품질을 해결할 때)에서 다음 전략을 사용했다.

- 데이터 조합하기
- 데이터 프로파일링
- 품질 문제 해결하기
- 요약 또는 집계 등 시각화를 위한 처리
- 시각화!

이제 오픈소스인 D3에서 제공하는 기능을 사용해 빅데이터를 시각화하는 몇 가지 재미 있는 예제를 살펴보자.

▌몇 가지 기본 예제

3장, 'R을 사용한 데이터의 이해'에서 사용한 예제를 다시 한 번 살펴보자.

이 시나리오에서 환자의 설문조사 결과를 요약하기 위해 간단한 R 스크립팅을 사용하거나 미국의 각 주의 방문자 수 합계를 보여주는 파일을 요약했다. 이제 D3를 사용해 같은 데이터 파일로 무엇을 할 수 있을지 생각해보자.

다음 절에서 자세히 알아보겠지만 우선 D3 공식 사이트에서 다운로드한 버블 차트 템플 릿을 기반으로 HTML 페이지를 작성해야 한다(이 템플릿은 D3 flare 클래스 라이브러리를 사 용해 데이터 파일에서 버블 차트를 생성한다).

데이터를 효율적이고 합리적으로 표시하고자 할 때 버블 차트bubble chart는 매우 흥미로운 방법이다. 이 예제에서 데이터로부터 50개 주(상태)를 모두 표시하고자 할 때 이를 명확하게 표현할 수 있다.

다음 그림은 D3 라이브러리와 버블 템플릿(웹 브라우저로 표시)에서 생성된 버블 시각화 결과를 보여준다.

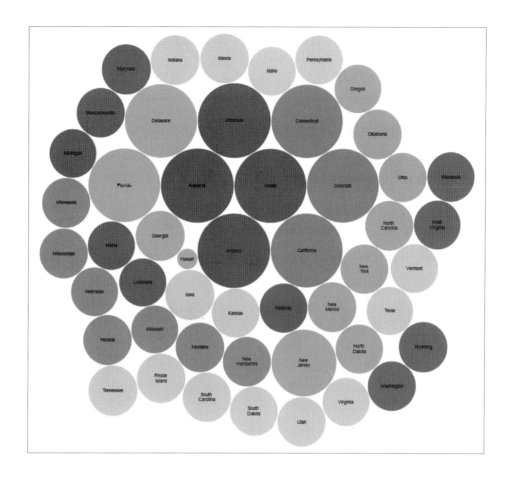

D3 시작하기

D3의 상호 연동에 관한 설명보다는 D3를 사용해 빅데이터를 시각화하는 것을 주로 살펴보고, D3를 단순하게 사용하려는 초보자들을 위해 기초적인 정보를 설명하겠다.

- 웹사이트는 https://D3js.org에서 찾을 수 있다.
- 이 글을 쓰는 현재 최신 버전은 V5.10.0이며 해당 버전은 다음 링크에서 다운로드할 수 있다.

  https://github.com/d3/d3/releases/download/v5.10.0/d3.zip

- 프로젝트에 다음 코드를 작성해 최신 릴리스 라이브러리에 직접 링크할 수 있다.

```
<script src="https://d3js.org/d3.v5.min.js"></script>
```

사용자 환경에 따라 혹은 적어도 D3 예제를 실행하는 동안이라도 D3 라이브러리에 액세스하는 데 문제가 발생하지 않게 하려면 실제 소스 파일을 다운로드해 로컬 참조를 사용하는 것이 좋다. 로컬 참조를 하는 경우 실제 코드가 무엇을 하는지 따라가 볼 수도 있다.

```
<script src="d3.v5.min.js"></script>
```

 https://github.com/D3/D3에서 실제 파일을 다운로드할 수 있다.

 마지막으로 다음 인터넷 페이지에서 훌륭한 자습서를 제공한다.
https://github.com/D3/D3/wiki/Tutorials

이제 예제를 살펴보자.

빅데이터를 시각화한다는 말의 실제 의미는 예상되는 분석 결과를 시각화한다는 것이다 (일반적인 경우라면 어느 누구도 가공하지 않은 빅데이터를 바로 시각화하진 않는다). 이러한 관점에서 다음 내용은 캡처, 저장, 조작(프로파일링, 품질 다루기, 집계) 그리고 시각화는 모두 별도의 캡슐화된 구성 요소이며 서로 다른 도구 또는 기술로 해결할 수 있다는 것을 이해하기 위한 핵심 개념이다.

이러한 방식으로 각 구성 요소는 특정 용도에 적합한 도구를 활용한다. 다음에는 제조 분야의 데이터 예제를 다뤄보자.

특별히 여기서는 데이터 로깅 시스템을 사용해 공장 내 여러 장치로부터 캡처된 데이터를 예제로 사용한다. 데이터 로거는 생산 라인 데이터를 수집해 로그 파일에 기록하는 프로그램이다. 이 시나리오에서는 데이터 로거가 각 제조 시스템에 설치된다. 데이터 로거는 생산 데이터를 장치에서 직접 수집해 메모리에 저장하고 주기적으로 데이터 저장소(로그 파일)로 전송한다. 네트워크가 다운된 동안에도 온보드 데이터 로거는 계속해서 장치에서 생산 정보를 수집한 다음, 네트워크가 다시 작동할 때 데이터를 로그 파일에 다시 채운다. 이로 인해 매일 수백만 장치의 트랜잭션 상태 레코드가 축적되며, 이는 빅데이터의 시나리오가 된다.

트랜잭션 레코드에 담겨 있는 정보는 다음과 같다.

Date/Time	트랜잭션 로그가 기록된 날짜와 시간이다.
Shift ID	공장은 3교대로 운영되므로 1, 2 또는 3교대가 된다.
Machine ID	공장에는 다섯 대의 장치(001, 002, 003, 004, 005)가 가동 중이다.
Part count	이전 폴링주기 이후에 장치에서 생산된 제품의 총 합계다.
Machine state	장치의 현재 상태다. 일반적인 상태는 running(실행 중), idle(유휴 상태), unplanned down(계획되지 않은 중단), planned down(계획된 중단), changeover/setup (전환/설정), offline(오프라인)이다.
Error code	이 오류 코드는 장치의 컨트롤러에 의해 자동으로 작성되거나 장치 운영자가 수동으로 작동을 중지시킨 것의 결과일 수 있다.

원시 데이터 레코드 샘플은 다음 그림과 같다.

이 예제에서는 데이터의 프로파일링을 수행하고 품질 문제를 해결했으며 시각화를 기반으로 하는 데이터 집합을 구성했다고 가정하고, 원시 데이터를 조작하는 과정을 건너뛴다.

쉼표로 분리된 텍스트 파일에서(data.csv라는 파일명으로 저장했다) 각 장치 ID별로 생산된 총 제품 수는 교대 번호로 구분된다.

D3 시각화 샘플 템플릿 중 하나를 사용해 그룹화된 막대그래프를 작성할 수 있다. 이미 D3 라이브러리를 다운로드했다고 가정한다. 템플릿을 선택하고 시각화하는 단계는 다음과 같다.

1. grouped bar(그룹 막대) HTML 템플릿 문서를 다운로드한다.
2. HTML 편집기(어떤 편집기든 가능하다)에서 문서를 연다.
3. 문서의 <body> 태그 아래에 다음 코드를 입력하거나 수정한다.

```
<body>
<! --- added a simple heading -->
<h1><center>Total Parts by Shift</cellspacing></h>
```

```
<! --- local include for D3 libraries -->
<script src="d3.v5.min.js"></script>
```

4. 제목으로 'Total Parts by Shift'를 추가하고 D3 라이브러리(src= D3.v3.min. js) 참조를 로컬 참조로 변경한다.

5. 다음으로 데이터 파일과 HTML 파일을 같은 위치에 저장했다고 가정하면, D3.csv 함수로 문서의 파일 참조를 찾아 파일 이름을 검증할 수 있다.

```
<!--- here is the data -->
D3.csv("data.csv", function(error, data) {
```

HTML 문서를 수정해 저장하면 웹 브라우저 종류에 구애받지 않고 이를 열어 볼 수 있다.

드디어 D3를 사용해 첫 번째 빅데이터를 시각화했다!

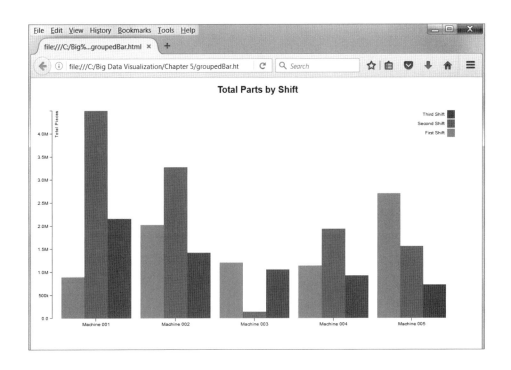

잠시 시간을 내 https://github.com/D3/D3/wiki/Gallery를 방문하고 사용할 확장 시 각화 갤러리를 검토해보자. 여러 종류의 시각화를 위한 수백 가지의 D3 템플릿 샘플을 확인할 수 있으며 이 모든 것을 다운로드하고 이를 수정해 사용할 수 있다.

이제 D3를 어떻게 사용하는지 더 많은 예제를 통해 살펴보자.

제조 공장에서 또 다른 관심 분야는 교대에 따른 성능이다. 교대가 수익성에 전반적으로 어떻게 기여하는지 또는 각각의 교대가 다른 교대와 어떻게 비교되는지, 경영진을 이를 알기를 원한다. 이를 위해 몇 가지 핵심 성과 지표[KPI]를 자세히 조사해야 한다. 이러한 지 표 중 하나가 각 교대별로 완성된 총 부품 수다. 다시 말하지만 이 과정은 빅데이터 원본 인 원시 공장 데이터를 사용 가능한 형태로 모으는 것이다.

다음 그림은 원시 데이터 일부를 보여준다.

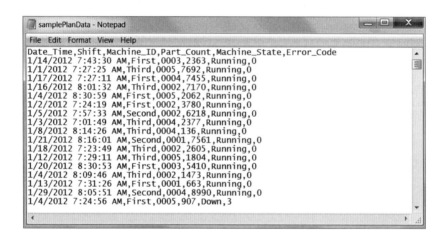

앞 장에서 다뤄본 R을 사용해 원시 데이터를 조작해보자. 다음은 각 교대 ID별로 부품 수를 요약 파일에 집계하는 데 사용되는 간단한 R 스크립팅이다.

```
# --- 텍스트 파일을 읽어 parts라는 변수에 입력한다.
parts<-read.table(file="C:/Big Data Visualization/Chapter 5/samplePlanData.
txt",sep=",")
```

```
data.df <- data.frame(parts)

# --- 각각의 shift 아이디에 원 데이터의 서브셋을 생성한다.
FirstShift<-subset(data.df,data.df[,2]=="First")
SecondShift<-subset(data.df,data.df[,2]=="Second")
ThirdShift<-subset(data.df,data.df[,2]=="Third")

# --- shift 아이디별로 합계를 계산한다.
sum(as.numeric(FirstShift[,4]))
sum(as.numeric(SecondShift[,4]))
sum(as.numeric(ThirdShift[,4]))

# --- 시각화를 위해 요약 파일을 생성한다.
sink("C:/Big Data Visualization/Chapter 5/data.tsv")
cat("shiftid")
cat("\t")
cat("partcount")
cat("\n")
cat(paste("First Shift", "\t", sum(as.numeric(FirstShift[,4]))),sep = "\t",
collapse = NULL)
cat("\n")
cat(paste("Second Shift", "\t", sum(as.numeric(SecondShift[,4]))),sep = "\t",
collapse = NULL)
cat("\n")
cat(paste("Third Shift", "\t", sum(as.numeric(ThirdShift[,4]))),sep = "\t",
collapse = NULL)
cat("\n")
sink()
```

주의: 3장, 'R을 사용한 데이터의 이해'에서 언급했듯이 R의 사용법은 다양하며, 스크립트는 한 가지 방법일 뿐이다. 독자는 이 코드를 그대로 사용하거나 혹은 개선할 수 있다.

다음 그림은 R 스크립트가 생성하는 집계 또는 요약 파일(data.tsv)을 보여준다.

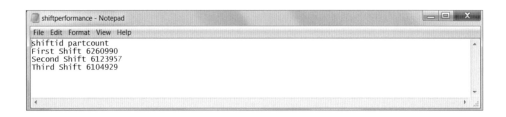

이 요약 파일은 D3 데이터 시각화의 소스가 된다(다음 그림 참조).

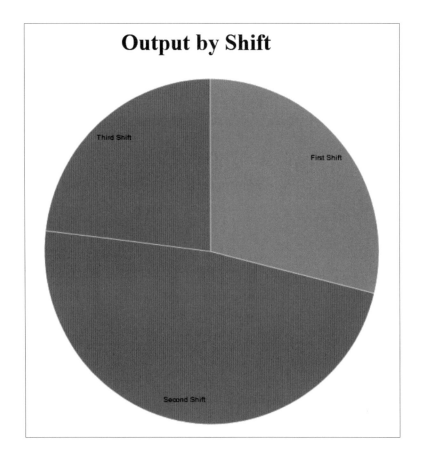

이 시각화는 minimalist pie chart(최소 파이 차트) D3-shape 샘플 템플릿을 사용해 생성했다.

앞서 시각화의 표시를 위해 다음 HTML 문서를 사용했다(변경 사항은 강조 표시했다).

```
<!DOCTYPE html>
<meta charset="utf-8">
<!--add the heading -->
<h1><center>Output by Shift</center></h1>
<canvas width="960" height="500"></canvas>
<!ocal reference to d3 libraries --->
<script src="https://d3js.org/d3.v5.min.js"></script>
<script>
var canvas = document.querySelector("canvas"),
    context = canvas.getContext("2d");

var width = canvas.width,
    height = canvas.height,
    radius = Math.min(width, height) / 2;

var colors = ["#ff8c00", "#8a89a6", "#d0743c", "#6b486b", "#a05d56", "#d0743c",
"#ff8c00"];

var arc = d3.arc()
    .outerRadius(radius - 10)
    .innerRadius(0)
    .context(context);

var labelArc = D3.arc()
    .outerRadius(radius - 40)
    .innerRadius(radius - 40)
    .context(context);

var pie = D3.pie()
    .sort(null)
    .value(function(d) { return d.partcount; });

context.translate(width / 2, height / 2);
```

```
<-- read our summary file-->
D3.requestTsv("data.csv", function(d) {
  d.partcount = +d.partcount;
  return d;
}, function(error, data) {
  if (error) throw error;
  var arcs = pie(data);
  arcs.forEach(function(d, i) {
    context.beginPath();
    arc(d);
    context.fillStyle = colors[i];
    context.fill();
  });
  context.beginPath();
  arcs.forEach(arc);
  context.strokeStyle = "#fff";
  context.stroke();
  context.textAlign = "center";
  context.textBaseline = "middle";
  context.fillStyle = "#000";
  arcs.forEach(function(d) {
  var c = labelArc.centroid(d);
  context.fillText(d.data.shiftid, c[0], c[1]);
  });
});
</script>
```

중단 시간

원시 공장 데이터를 시각화할 수 있는 또 다른 데이터는 중단 시간이다. 원시 데이터 파일에는 Machine_State라는 필드가 있다. machine state는 장치의 현재 상태로, 흔히 running(실행 중), idle(유휴 상태), unplanned down(계획되지 않은 중단), planned down(계획된 중단), changeover/setup(전환/설정), offline(오프라인) 상태를 갖는다.

이 시나리오에서는 각 장치(001에서 005까지)가 멈춘 상태에서 트랜잭션 레코드를 기록하거나 작성한 횟수의 총수를 원한다. 그리고 이 수를 4로 나누고 싶다.

D3 사이트를 검색해서 요구 사항에 가장 잘 어울리는 정밀 누적형 막대 샘플 템플릿을 찾자. 이 시각화는 누적형 막대에서 다중 막대 표시 형식으로 시각화 뷰를 전환하는 데 사용할 수 있는 표준 HTML 라디오 버튼을 사용해 런타임을 재구성하는 방법도 보여준다.

템플릿 파일명은 Stacked-to-Multiples이며 http://bl.ocks.org/mbostock/4679202 에서 찾을 수 있다(다음 그림의 오른쪽 위에서 HTML 라디오 버튼을 확인할 수 있다).

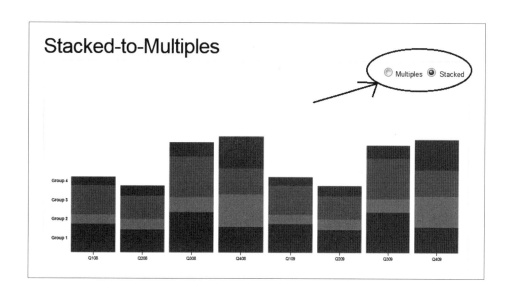

다시 한 번 말하지만, 이 D3 샘플 템플릿은 요약된 데이터 파일을 사용해 시각화한다. 데이터 파일(data.tsv)은 세 개의 필드(그룹, 날짜, 값)로 구성되며 일부 데이터를 다음 그림에서 확인할 수 있다.

```
# data.tsv

group    date      value
1        2008-01   10
1        2008-04   8
1        2008-07   14
1        2008-10   9
1        2009-01   10
1        2009-04   8
1        2009-07   14
1        2009-10   9
2        2008-01   3
2        2008-04   3.5
2        2008-07   5
2        2008-10   11
2        2009-01   3
2        2009-04   3.5
2        2009-07   4.5
```

이는 특정 목적으로 생성할 때 쉽게 적용할 수 있는 간단한 예다. 먼저 원시 공장 데이터를 앞서 파일 포맷으로 전처리할 수 있지만 약간 다른 점이 있다. 그룹 필드를 사용하는 대신 데이터의 첫 번째를 장치 ID로 사용한다.

데이터 파일의 이름을 datastacked.tsv로 지정한다. 다음 그림에서 일부 데이터를 확인할 수 있다.

```
machine date      value
001     2008-01   10
001     2008-04   8
001     2008-07   14
001     2008-10   9
001     2009-01   10
001     2009-04   8
001     2009-07   14
001     2009-10   9
002     2008-01   3
002     2008-04   5|
002     2008-07   5
002     2008-10   11
002     2009-01   3
002     2009-04   2
002     2009-07   4
```

다시 한 번 말하지만 원시 공장 데이터의 전처리는 R 스크립트 또는 기타 도구를 사용해 수행할 수 있다. 빅데이터 원본은 원하는 집계 또는 요약 파일의 생성을 위해 흔히 세그먼트로 분할하거나 처리해 시각화를 준비한다. 3장, 'R을 사용한 데이터의 이해'에서 봤듯이 R은 데이터를 쉽게 집계하고 여러 집계 파일을 하나의 파일로 병합해 시각화할 수 있는 기능을 제공한다. 다음에는 샘플 템플릿을 다운로드해 HTML 문서로 저장해보겠다.

샘플 템플릿에서 일부 코드를 수정한다.

1. 앞서 언급했듯이 D3 라이브러리 파일을 다운로드해 저장했으므로 로컬에서 참조하기 위해 HTML 문서에서 src= 참조 코드를 변경해야 한다. 변경한 코드는 다음과 같다.

```
<script src="d3.v5.min.js"></script>
```

2. 데이터 파일 이름을 변경했으므로 HTML 문서 내에서 파일 이름을 참조하는 행을 찾아 파일 이름을 변경한다.

```
D3.tsv("datastacked.tsv", function(error, data) {
```

3. 마지막으로 데이터 파일의 첫 번째 필드 이름을 그룹에서 장치로 변경했으므로, HTML 문서에서 해당 필드에 대한 모든 참조를 변경해야 한다. 텍스트 편집기에서 참조를 변경할 때 찾기 및 바꾸기가 매우 유용하다.

4. 수정된 HTML 파일을 저장하고 웹 브라우저에서 확인하자.

데이터를 시각화한 누적 뷰^{stacked view} 그림은 다음과 같다.

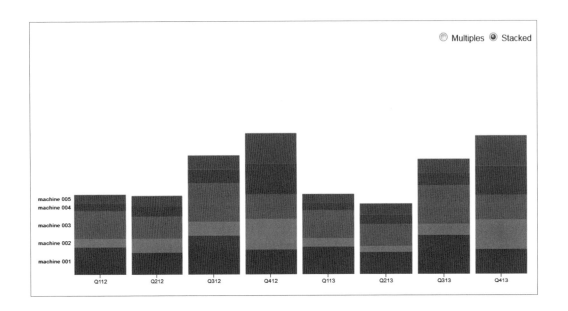

Multiples라는 라디오 버튼을 클릭하면 시각화 형식이 다음과 같이 바뀐다.

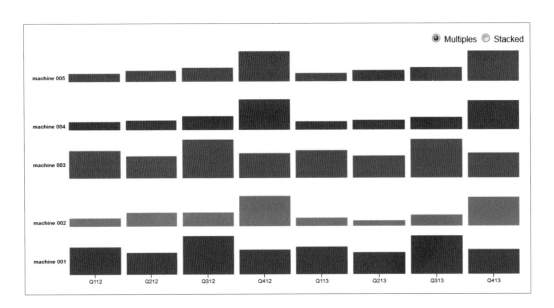

시각화 전환

시각화 형식을 변경하기 위해 HTML 라디오 버튼을 클릭하는 절차를 전환^{transitioning}이라고 한다. 앞의 예에서 하나의 시각화 형식을 다른 형식으로 전환시켰다. 어떤 데이터를 기반으로 시각화할지, 이를 변경하기 위해 전환을 사용할 수도 있다. 이 개념을 설명하기 위해 다른 예제를 살펴보자.

제조 공장의 원시 데이터로 돌아가 장치 ID와 교대별 결괏값(총 부품 수)을 확인하고 싶다고 가정해보자. 각 교대별로 장치 부품 수를 표시하는 데이터 시각화를 구축하고자 한다.

교대를 변경해 시각화(전환)를 적절하게 볼 수 있는 기능도 원한다. 이 예제에서는 도넛형 파이 차트(http://bl.ocks.org/mbostock/5681842에서 찾을 수 있음)의 D3 샘플 템플릿을 사용한다. 이 템플릿은 Apples 데이터와 Orange 데이터 사이에서 시각화를 전환한다.

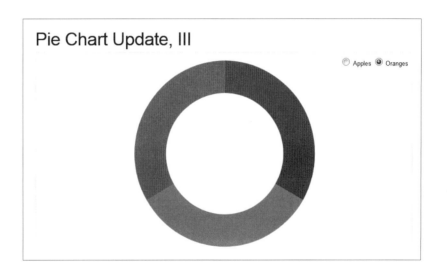

이 템플릿의 또 다른 기능은 null 또는 누락된 값을 0으로 채워 누락된 데이터를 처리한다는 것이다(0 대신 기본값을 사용할 수 있음). 이 기능을 간단히 살펴볼 것이다.

이 샘플 템플릿을 어떤 목적으로 사용하기 위해 다음과 같은 일반적인 단계를 수행한다.

HTML 템플릿을 다운로드하고 D3 라이브러리 참조를 찾아 변경함으로써 데이터를 수정한다.

코드상에서 사용자가 정의해야 할 부분 세 가지를 살펴보자.

1. 간단한 제목을 추가한다.

```
<center><H1>Parts by Shift</H1></center>
```

2. HTML 파일에서 **apples**와 **oranges**를 변경해 3교대를 선택할 수 있도록 한다. 선택지를 세 가지로 제공하기 위해 라디오 버튼을 하나 더 추가한다.

```
<form>
  <label><input type="radio" name="dataset" value="first"
    checked>First Shift
  </label>
  <label><input type="radio" name="dataset" value="second">Second Shift
  </label>
  <label><input type="radio" name="dataset" value="third">Third Shift
  </label>
</form>
```

3. 누락된 데이터를 처리하는 함수를 수정한다.

```
function type(d)
{
 d.first = +d.first || 0;
 d.second = +d.second || 0;
 d.third = +d.third || 0;
 return d;
}
```

다시 말해 apple과 orange의 레퍼런스를 1교대와 2교대로 변경한 다음, 3교대를 더하기 위해 레퍼런스를 추가한다.

마지막으로 원시 공장 데이터를 이 D3 템플릿에서 사용할 수 있는 요약 파일로 전처리한다. 이 파일은 매우 단순한 파일로 두 개의 필드, 즉 사과와 오렌지를 포함한다(다음 그림 참조). 두 번째 필드(orange)에 빈 값임을 알 수 있다.

```
# data.tsv

apples   oranges
53245    200
28479
19697    200
24037
40245    200
```

데이터에는 세 가지 필드(첫째, 둘째, 셋째)로 구성된다. 데이터를 요약한 후에 다음을 살펴보자.

```
first     second   third
53245     53245    53245
28479     8479     38400
19697     28479    200
24037     1920
40245     90000    1200
```

요약 파일의 각 레코드는 3교대 각각에 대한 부품 수와 함께 특정 장치 ID에 대한 요약 레코드를 나타낸다. 데이터 내에서 장치 004는 3교대 동안에 오프라인 또는 다운됐으므로 그 시간 값이 누락됐다. 이는 (누락된 값을 처리하는) 수정한 함수를 테스트하기에 좋다.

요약 파일 이름을 반영하기 위해 HTML 문서를 마지막으로 수정한 다음 이를 웹 브라우저로 열 수 있다.

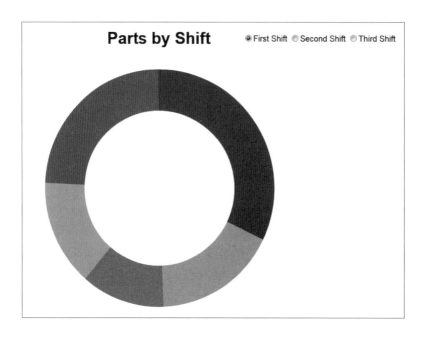

이제 장치로 분할한 1교대의 도넛 파이를 살펴봤다. 2교대로 전환하기 위해 라디오 버튼을 클릭하면 다음과 같이 표시된다.

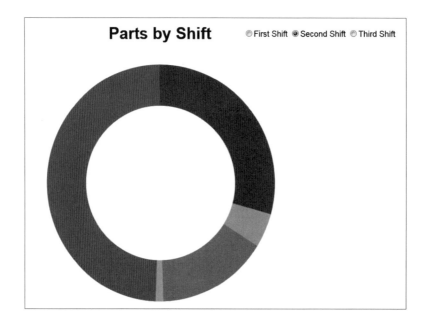

3교대는 다음과 같다.

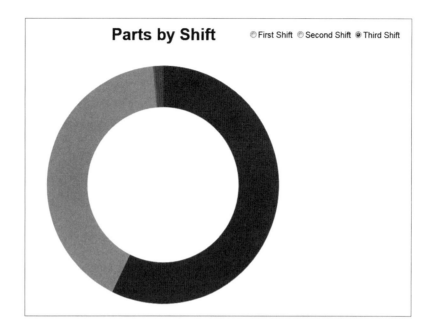

장치 004가 오프라인 상태이고 파일에 부품 수가 없으므로 3교대에는 장치 004가 표시되지 않는다(차트에 표시된 네 가지 색상만 있음).

다중 도넛

또 다른 재미있고 유용한 D3 시각화 샘플 템플릿은 Sized Donut Multiples(크기 조정이 가능한 도넛) 템플릿이다. 이 템플릿은 다음 위치에서 다운로드할 수 있다(http://bl.ocks. org/mbostock/4c5fad723c87d2fd8273). 이는 크기가 다양한 여러 개의 도넛을 보여준다. 각 도넛의 면적이 전체 수에 비례하며 모든 도넛에 걸쳐 도넛 호의 면적이 비교될 수 있도록 하기 위함이다.

템플릿에서 예제는 연령대별로 분류된 주별 인구의 요약 데이터 파일을 사용한다. 파일

내 데이터는 쉼표로 구분돼 있다. 이 예제에서는 첫 번째 필드(상태)를 키로 사용해 표시할 도넛 수를 결정하고 각 키의 합계는 도넛 크기를 나타낸다.

예제 D3 시각화는 다음 그림과 같다.

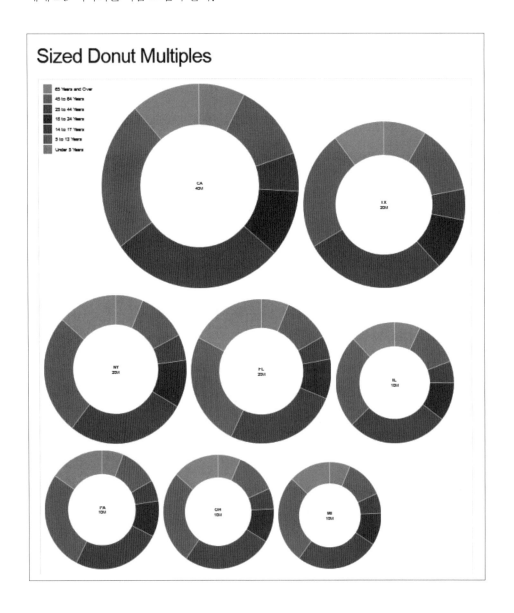

다양한 목적에 맞게 이 템플릿을 변형할 수 있다. 연령대별 주 이름과 인구 합계 대신 장치와 총 부품 수를 각 교대별로 시각화해보자.

원시 공장 데이터를 다시 전처리했으므로, 이번에는 4개 열로 요약 파일을 작성한다.

- Machine(장치)
- First shift(1교대)
- Second shift(2교대)
- Third shift(3교대)

파일에는 각 장치마다 다섯 개의 데이터가 있다. 요약 파일은 다음과 같다.

```
machine,first shift,second shift, third shift
0001,310504,552339,259034,450818,1231572
0002,52083,85640,42153,74257,198724
0003,515910,828669,362642,601943,1804762
0004,202070,343207,157204,264160,754420
0005,2704659,4499890,2159981,3853788,10604510
```

5장의 모든 예제에 샘플 템플릿을 선택할 때의 과정은 모두 같다.

1. 샘플 템플릿을 다운로드해 HTML 문서로 저장한다.
2. src= 참조(D3 라이브러리의 로컬 참조)를 변경한다.
3. 데이터 파일 이름을 변경한다.
4. 제목을 추가한다.

이 예제에서 D3 샘플 템플릿은 파일의 첫 번째 필드를 이름으로 사용하기 때문에 전체 영역에서 state를 machine으로 변경해야 한다.

앞서 작업을 완료하면 웹 브라우저에서 시각화한 결과를 확인할 수 있다.

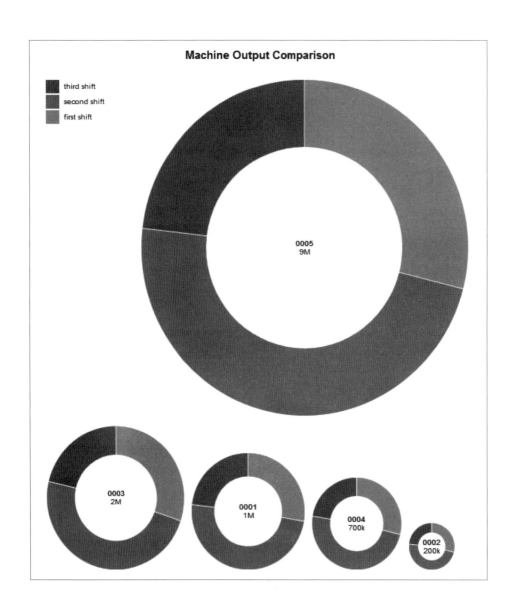

이 시각화는 각 도넛에 장치 ID 또는 이름(예: 0005)과 백만의 접미사 M 또는 천 단위의 접미사 K가 있는 반올림된 총 부품 수를 나타내는 범례를 추가한다. 또한 각 장치 ID에 대한 특정 도넛이 있고, 표시된 시각화에서 장치 0005가 총 부품 수 중 가장 높은 비율의 부품 수를 갖고 있음을 알 수 있다(장치 0003, 0001, 0004, 0002 순).

▌ 더 많은 예제

몇 가지 예제를 추가로 살펴봄으로써 D3를 조금 더 자세히 알아보자.

막대그래프 시각화의 또 다른 트위스트

막대그래프는 꽤 일반적인 데이터 시각화 유형이며, 앞서 D3 라이브러리를 사용하는 몇 가지 예제를 봤다. 막대그래프 D3 템플릿 하나를 간단히 살펴보자. 막대그래프 D3 템플 릿은 음수를 표현할 수 있다. 생각해보자. 대부분 막대그래프는 양수를 나타내므로 축의 틱을 뒤집기 위한 특별한 로직이 필요하다.

'Bar Chart with Negative Values II'라는 D3 예제는 이러한 시나리오를 수월하게 처리 한다. 다음 주소에서 다운로드할 수 있다.

http://bl.ocks.org/mbostock/79a82f4b9bffb69d89ae

이 샘플 템플릿은 A에서 H까지의 음수와 양수를 보여주며, 다음 그림과 같다.

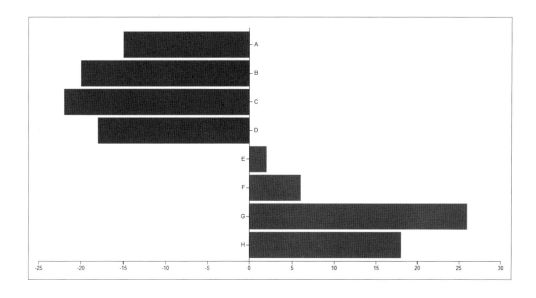

제조 공장으로 돌아가서 경영진이 새로운 과제를 수행하게 됐다. 제품 생산 목표치가 각 공장 장치별로 설정됐다. 경영진은 각 장치의 목표치를 설정하고 목표치에 대한 모든 델 타를 보며 관찰하려고 한다. 즉, 주어진 시간에 장치의 목표 개수와 비교할 때 부품 수는 어떻게 계산될까?

여덟 글자 대신 5대 장치 이름과 목표치와 비교해 각 장치의 결과를 보여주는 수평 막대 를 표시한다. 따라서 앞에서의 시각화를 사용하면 장치가 0의 값을 가질 수 있으며, 이는 장치가 목표치에 도달했음을 나타낸다. 이는 장치 부품 수와 대상 번호 사이에 델타 또 는 편차가 없음을 의미한다. 해당 장치가 목표치의 합을 초과하면 양수, 결괏값이 목표값 보다 작으면 음수를 반환한다. 초기 목표치가 낮게 설정됐기 때문에 경영진은 당연하게 모든 값이 양수가 되기를 기대할 것이다.

다시 한 번 말하지만 D3 템플릿 샘플을 선택하는 과정은 어렵지 않다. 실제로 D3 템플 릿 샘플 활용의 핵심은 특정 시각화를 주도하는 데이터의 형식을 이해한 다음 원시 데이 터의 전처리와 조작이 필요한지 판단하는 것이다. 이 예제에서 데이터의 요약은 매우 단 순한 편이다.

```
name     value
A        -15
B        -20
C        -22
D        -18
E         2
F         6
G        26
H        18
```

공장 데이터를 돌리면 (즉, 작동시키려면) 다음과 같이 데이터를 집계할 수 있다.

```
name       value
machine 001        550
machine 002       -200
machine 003       -220
machine 004        800
machine 006       2000
```

이 예제에서 D3 템플릿 샘플을 사용하는 과정은 훨씬 간단하다.

1. 템플릿을 다운로드해 이를 HTML 문서로 저장한다.
2. src= 참조를 로컬 참조로 수정한다.
3. 제목을 추가한다.
4. 참조된 파일 이름을 변경한다.

앞의 과정을 통해 웹 브라우저에서 다음과 같은 시각화 버전을 확인할 수 있다.

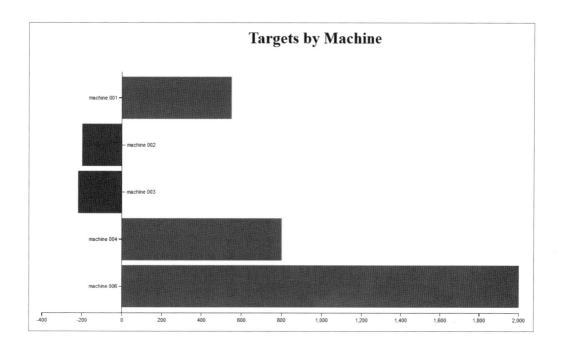

장치 001, 장치 004, 장치 005가 실제로 목표치를 초과하는 동안 장치 002와 장치 003은 목표치에 도달하지 못했음을 알 수 있다. 장치 005는 목표치에서 부품 2,000개를 초과 생산했다.

예제 하나 더 보기

마지막 예제에서는 Nest 템플릿을 통해 D3 Stacked Area via Nest 템플릿을 살펴보자.

이 샘플 템플릿은 세 가지 필드로 구성된 요약 데이터 파일을 기반으로 데이터를 시각화한다.

- A Key
- A numeric value
- A date(MM/DD/YY)

다음 그림은 D3 템플릿 샘플에 의해 생성된 데이터 시각화를 보여준다.

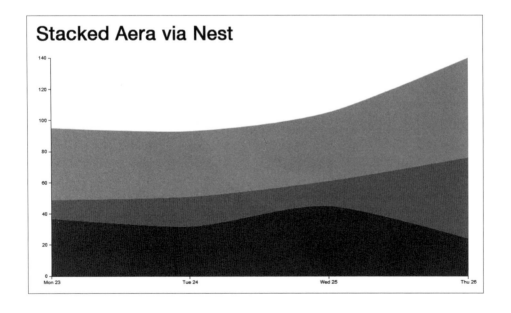

▌ 샘플 선택하기

여느 예와 마찬가지로 D3 샘플 템플릿을 선택하는 첫 단계는 데이터 원본을 살펴보고 만들고자 하는 시각화와 유사점이 무엇인지 판단하는 것이다.

이 경우 세 개의 필드인 키, 숫자, 날짜만 있는 파일 소스를 확인할 수 있다.

```
key,value,date
Group1,371,04/23/12
Group2,12,04/23/12
Group3,46,04/23/12
Group1,32,04/24/12
Group2,19,04/24/12
Group3,42,04/24/12
Group1,45,04/25/12
Group2,16,04/25/12
Group3,44,04/25/12
Group1,24,04/26/12
Group2,52,04/26/12
Group3,64,04/26/12
Group1,24,04/27/12
Group2,52,04/27/12
Group3,64,04/27/12
```

데이터와 생성된 결과를 비교해 다섯 날짜(4/23/12, 4/24/12, 4/25/12, 4/26/12, 4/27/12)에 걸쳐 시각화(Group1, Group2, Group3)에 표시된 세 가지 값을 확인한다.

데이터 관찰을 통해, 일주일 동안 세 번의 교대(1, 2, 3교대)를 시각화할 필요가 있음을 알았다. 이어서 원시 공장 데이터를 다음 필드로 구성된 요약 파일로 전처리할 수 있다.

- 날짜/시간
- 교대 ID
- 부품 수

이렇게 하면 다음과 같은 새로운 요약 파일을 생성할 수 있다.

```
key,value,date
First,371,04/23/12
Second,12,04/23/12
Third,46,04/23/12
First,32,04/24/12
Second,19,04/24/12
Third,42,04/24/12
First,45,04/25/12
Second,16,04/25/12
Third,44,04/25/12
First,24,04/26/12
Second,52,04/26/12
Third,64,04/26/12
First,24,04/27/12
Second,52,04/27/12
Third.64.04/27/12
```

템플릿의 샘플 데이터를 검토할 때 다음의 과정을 따른다.

1. 세 개의 그룹이 키로 그룹화돼 있다. 이는 3교대와 관련이 있다.

2. 값(숫자)은 장치 부품 수와 관련이 있다.

3. 날짜는 date-time 스탬프와 관련이 있다.

이러한 가정을 고려해 원재료 공장 데이터를 적절한 형식으로 전처리하거나 요약할 수 있다.

```
key,value,date
First,371,04/23/12
Second,12,04/23/12
Third,46,04/23/12
First,32,04/24/12
Second,19,04/24/12
Third,42,04/24/12
First,45,04/25/12
Second,16,04/25/12
Third,44,04/25/12
First,24,04/26/12
Second,52,04/26/12
Third,64,04/26/12
First,24,04/27/12
Second,52,04/27/12
Third,64,04/27/12
```

그런 다음 시각화를 생성할 수 있다.

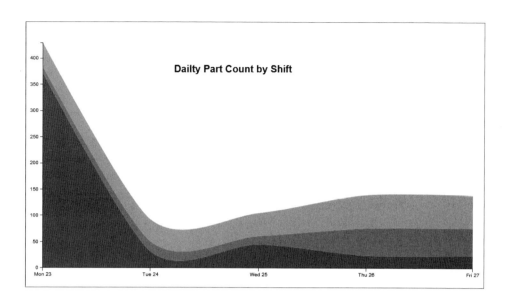

여기서는 선택한 D3 샘플 템플릿을 채택하는 프로세스가 다음과 같다고 가정한다.

1. 목적에 맞는 템플릿/예제를 확인

2. 템플릿을 다운로드해 HTML 문서로 저장

3. 필요에 따라 HTML 문서를 변경(예: src= changes 머리말 추가 또는 데이터 파일 이름 참조 변경)

4. 원시 빅데이터를 D3 샘플 요구 사항에 맞게 포맷된 요약 파일로 전처리하기

5. 웹 브라우저에서 문서 확인하기

원하는 D3 샘플을 찾을 수 없다면 필요에 따라 기존 D3 라이브러리를 수정하거나 개선할 수도 있지만 여기서는 다루지 않는다.

요약하면 D3 라이브러리는 사용자의 특정 데이터 시각화 목표에 맞게 다양한 샘플 템플릿을 자유롭게 사용할 수 있다. 5장에서는 몇 가지 샘플을 간단하게 소개했다.

D3 라이브러리를 활용해 몇 가지 간단한 과정을 거쳐 빅데이터 합계를 기반으로 둔 동적 시각화를 구현할 수 있다.

기본적인 방법은 라이브러리에 있는 것을 선택하고 사용하는 것이었지만, D3 라이브러리가 소스로 제공되므로 필요에 맞게 코드를 수정해 작성할 수 있다.

▌ 요약

5장에서는 D3를 사용해 빅데이터 분석 결과를 시각화하는 아이디어를 설명했다. 간단히 말해 빅데이터 분석의 요구에 맞게 D3 템플릿을 찾고 선택하는 방법을 단계별로 살펴봤다.

6장에서는 시각적 대시보드의 개념과 태블로를 사용해 창의적이고 의미 있는 데이터 대시보드를 만들어보자.

빅데이터를 위한 대시보드 - 태블로

사진이 갖는 가치가 천 단어라면 대시보드는 백만 단어의 가치가 있다.

여러 분석 결과를 효과적으로 실시간으로 제공하는 시각적 대시보드는 모든 비즈니스에서 매우 중요하다.

6장에서는 대시보드를 구성하는 데 사용할 수 있는 데이터 시각화 도구로 태블로를 소개하고, 실시간 대시보드 형식으로 빅데이터 분석의 결과를 효율적으로 시각화하는 예제를 살펴본다.

6장에서 다루는 내용은 다음과 같다.

- 태블로란?
- 태블로와 빅데이터

- 예제 1
- 예제 2

█ 태블로란?

태블로는 일정 기간 동안 무료로 사용할 수 있지만 만료 기간 후에는 소프트웨어 사용료를 내야 한다.

태블로는 다섯 가지 주요 제품으로 구성돼 있다.

- 태블로 데스크톱
- 태블릿 서버
- 태블로 온라인
- 태블로 리더
- 태블로 퍼블리

태블로 서버와 태블로 데스크톱은 14일의 무료 평가판 사용 이후에 사용료를 내야 한다.

태블로는 R, D3와 같이 오픈소스가 아니지만 끌어서 놓기 방식으로 데이터 시각화를 생성해 시각적인 패턴을 빠르게 파악할 수도 있도록 설계됐다.

태블로의 기반은 데이터베이스용 SQL$^{Structured\ Query\ Language}$과 그래픽 렌더링을 위한 기술 언어를 결합한 VizQL$^{Visual\ Query\ Language}$이라는 데이터베이스 시각화 언어이며, 데이터 시각화가 가능하다.

태블로의 또 다른 장점은 태블로 퍼블릭의 새로운 활동 피드를 이용하는 전 세계 10만여 명의 태블로 개발자들이다. 최근 게시된 데이터 시각화를 모두 검색할 수 있으며 이는 최신 버전을 유지한다.

태블로를 아직 사용해본 적이 없다면 http://www.tableau.com을 방문해보자. **지금 체험**

버튼을 클릭한다. 풀 버전 평가판이므로 무료로 사용할 수 있다.

▌ 태블로와 빅데이터

이미 언급했듯이 수백만 개의 데이터 포인트를 그래프로 작성하는 것이 곧 의미 있는 데이터 시각화라고 할 수 없다. 실제로 수많은 데이터를 직접 질의하는 것이 기술적으로 가능한지 여부를 떠나 실용적이기는 어렵다.

앞서 빅데이터 시각화 프로세스에서 빅데이터를 효과적으로 프로파일링하고 전처리하는 것이 매우 중요한 단계임을 알았다.

태블로는 로컬이나 클라우드 데이터 원본에 직접 연결할 수 있을 뿐만 아니라, 빠른 메모리 연산과 시각화 생성을 위해 데이터를 불러들일 수 있다. 그러나 오픈소스 D3에서 제공하는 여러 가지 기능을 학습한 5장과 마찬가지로 빅데이터 시나리오에서 태블로를 사용하는 올바른 방법은 원시 데이터 원본을 특정 목적에 맞게 관리 가능한 데이터 파일로 전처리하는 것이다.

데이터 프로파일링과 전처리, 조작을 위한 많은 옵션이 있지만 태블로 사용자에게 인기있는 도구는 트리팩타^{trifacta}로, 이는 태블로의 최고 데이터 랭글링^{wrangling} 솔루션이라 할 수 있다.

 랭글링(wrangling)이라는 용어는 모으거나 무리를 지으며 또는 책임지는 것으로 정의할 수 있으며, 이 경우 수행되는 랭글링은 데이터에 초점을 맞춘다.

6장에서는 주로 태블로를 사용해 빅데이터를 시각화하는 것을 다루지만, 태블로 커뮤니티에서 트리팩타의 인기를 기반으로 도구를 사용해 일부 데이터 조작을 수행하거나 트리팩타 문서에서 설명된 랭글링 예제도 살펴보겠다.

시작해보자.

예제 1- 판매 트랜잭션

이 예제에서는 하루 24시간 내내 매일 수천 개의 서버에서 글로벌 판매에 대한 트랜잭션을 기록한다고 가정한다. 이러한 트랜잭션 레코드에는 transaction date(거래가 발생한 날짜), product name(제품 식별자), SKU price(제품 가격), price(총 청구 가격), payment type(지불 유형) 등이 포함된다.

트랜잭션에는 사용자의 온라인 계정이 생성된 시간, 마지막으로 로그인한 시간 등과 같은 흥미로운 필드도 포함한다.

	A	B	C	D	E	F	G	H	I	J	K	L
1	Transaction_date	Product	Price	Payment_	Name	City	State	Country	Account_Created	Last_Login	Latitude	Longitude
2	1/2/2009 6:17	Barbecue Brush	1200	Mastercar	carolina	Basildon	England	United Kin	1/2/2009 6:00	1/2/2009 6:08	51.5	-1.11667
3	1/2/2009 4:53	Barbecue Brush	1200	Visa	Betina	Parkville	MO	United Sta	1/2/2009 4:42	1/2/2009 7:49	39.195	-94.6819
4	1/2/2009 13:08	Barbecue Brush	1200	Mastercar	Federica e Andrea	Astoria	OR	United Sta	1/1/2009 16:21	1/3/2009 12:32	46.18806	-123.83
5	1/3/2009 14:44	Barbecue Brush	1200	Visa	Gouya	Echuca	Victoria	Australia	9/25/2005 21:13	1/3/2009 14:22	-36.1333	144.75
6	1/4/2009 12:56	Grille Rack	3600	Visa	Gerd W	Cahaba He	AL	United Sta	11/15/2008 15:47	1/4/2009 12:45	33.52056	-86.8025
7	1/4/2009 13:19	Barbecue Brush	1200	Visa	LAURENCE	Mickleton	NJ	United Sta	9/24/2008 15:19	1/4/2009 13:04	39.79	-75.2381

컨텍스트 추가

보조 데이터 원본을 기반으로 하는 특정 컨텍스트 내에서 트랜잭션 데이터를 보고자 하는 경우가 많다. 프로모션 마케팅promotional marketing 정보가 포함된 데이터(판매 트랜잭션 파일에서 제품의 판매와 마케팅 노력이 포함된, 데이터베이스에서 추출한 파일)를 구글에 제공한다고 가정해보자.

이 정보에는 다음이 포함될 수 있다.

- Promotion_Name: 프로모션 이름
- Promotion_Start_Date: 프로모션 시작 날짜와 시간
- Promotion_End_Date: 프로모션이 종료된 날짜와 시간(캠페인이 아직 진행 중인 경우 비어 있음^{blank})
- Promotion_Duration (in days): 프로모션이 시작된 후 종료될 때까지 경과된 일수
- Promotion_Type: 소셜미디어, TV, 라디오, 인터넷, 인쇄물 등과 같이 프로모션에 사용된 매체 유형
- Promotion_Budget: 프로모션 예산 금액
- Promotion_Spent: 현재까지 프로모션에 지출된 금액

앞서 데이터를 염두에 두고 트리팩타를 사용해 다음 작업을 수행한다.

프로파일링을 통해 제공된 프로모션 데이터에 몇 가지 결함을 발견했다고 가정해보자. 이 정보는 수작업으로 유지 관리되는 마케팅 프로모션 레코드이므로, 중복 레코드(한 번 이상 나열된 같은 프로모션), 누락 값(예: Promotion_Spent 필드의 값이 비어 있는 경우)이 존재할 수 있으며 마지막으로 Promotion_Type 필드에는 숫자 값만 갖는다(프로모션 유형의 이름 대신 이를 나타내는 참조 번호).

 이 예제에서 프로파일링 단계를 생략했다. 3장, 'R을 사용한 데이터의 이해'에서 데이터 프로파일링 기법을 다뤘기 때문이다. 트리팩타를 사용해 데이터를 프로파일링하고 앞서 언급한 문제들을 파악할 수 있다. 트리팩타의 프로파일링 기능을 찾아보기를 권한다.

데이터 랭글링

트리팩타를 사용해 프로모션 데이터에서 확인된 문제를 해결해보자. 우선 트리팩타상에

서 프로젝트를 생성한다. 다음 그림에 표시된 트리팩타 워크스페이스(또는 데스크톱)에서 Import Data라는 버튼을 클릭하자.

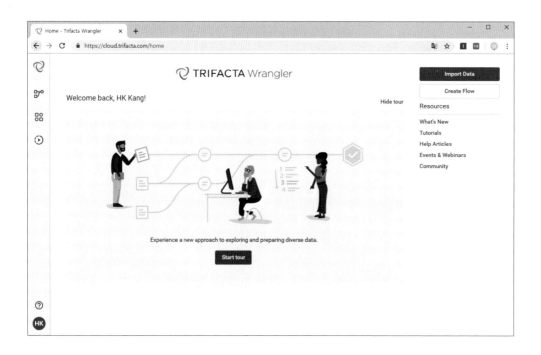

화면 중앙에 Choose a file 버튼을 클릭해 파일을 선택한다.

화면의 왼쪽 중앙에 create new dataset 링크를 클릭한다. 윈도우 탐색기를 통한 드래그 앤 드롭 방식의 파일 추가도 가능하다.

프로모션 파일을 추가하면 트리팩타는 몇 가지 초기 통곗값(파일 크기)을 표시한다. 화면 오른쪽 하단의 Import & Wrangle 버튼을 클릭해 프로젝트에 파일을 추가할 수 있다.

Import & Wrangle을 클릭하면 트리팩타가 파일을 읽어 들여 분석한다. 분석 결과는 다음 그림과 같이 Transformer 페이지에 표시된다. 이 페이지에서 변환하려는 모든 데이터를 식별하고 변환 스크립트를 작성해 원하는 작업을 수행할 수 있다.

스크립트를 작성하거나 변경하면 이러한 변경 사항이 표시된 데이터에 즉시 적용되므로, 결과를 실시간으로 미리 볼 수 있고 스크립트를 수정해 요구 사항을 빠르게 처리할 수 있다.

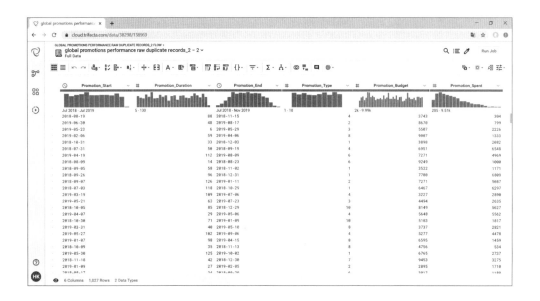

프로모션 파일에 1,027개의 레코드가 있으며 중복된 레코드가 포함돼 있을 수 있다. 먼저 그 문제를 해결해보자. 이를 위해 deduplicate 명령으로 매우 쉽게 중복된 레코드를 처리할 수 있다.

상단에 돋보기 아이콘을 클릭해 Search transformations 창을 활성화하고 'remove duplicate rows'를 입력해 검색한다.

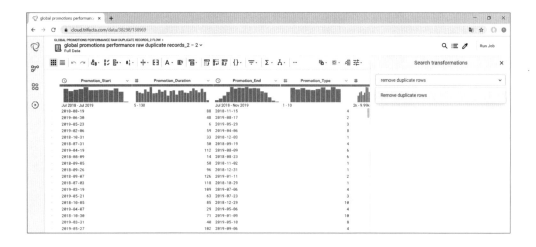

Add를 클릭하면 레시피에 Remove duplicate ROWS가 추가됨을 확인할 수 있다.

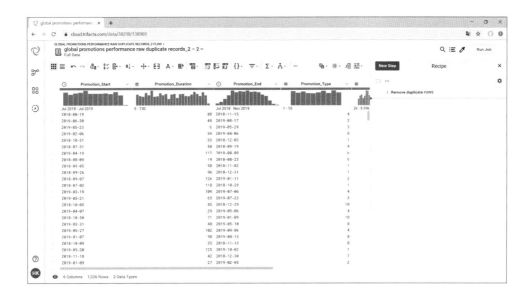

상단에 Run Job 버튼을 클릭한다.

'Create-CSV'를 기본으로 설정해 CSV 파일을 생성한다.

Run Job 버튼을 클릭하자.

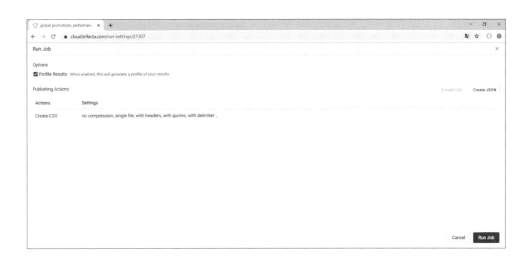

레시피를 실행하면 전환된 화면에서 플로우 상세와 현재 진행중인 작업Job 목록이 표시된다.

작업Job 공유 번호를 클릭하면 작업 상세 페이지로 전환된다.

업데이트된 파일의 레코드 수(행)는 1,026임을 확인하자. 원래 파일 레코드 수는 1,027이었으므로 중복 제거 기능을 수행해 하나의 레코드를 제거했다. 쉽지 않은가!

이제 트리팩타를 사용해 파일에서 중복 레코드를 쉽고 간편하게 식별하고 제거할 수 있음을 확인했다. 이번에는 숫자 식별자(예: 파일 내 구글의 프로모션 유형 ID)를 사용자에게 친숙한 설명이나 이름으로 바꾸는 등의 룩업^{lookups}을 쉽게 수행해보자.

이는 트리팩타에 룩업 변환 파일을 불러들이는 것만으로 쉽게 처리할 수 있다. 여기서는 첫 번째 필드는 키이고 두 번째 필드는 값인 두 개의 필드로 구성된 파일을 생성한다.

생성된 파일을 첫 화면의 Import Data로 추가한 다음 Import를 클릭한다.

트리팩타에 파일을 업로드한 후에는 프로모션 파일을 추가할 때와 같이 프로젝트에 추가한 다음 룩업 로직을 구성할 수 있다. 이를 수행하기 위해 Transformation(변환) 페이지에서 시작해 조회를 수행하려는 필드/열, 여기서는 Promotion_Type을 찾은 뒤 다음 그림에 표시된 아래쪽 화살표 아이콘을 클릭하고 Lookup...을 선택한다.

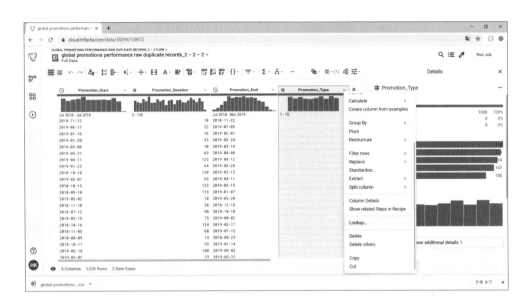

Lookup...을 선택하면 다음 그림과 같이 Select data to Lookup 화면이 표시된다. 룩업 파일을 선택하고 Select 버튼을 클릭한다.

lookup key를 선택한 다음 Execute Lookup 버튼을 클릭한다.

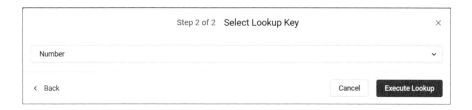

이 버튼을 클릭하면 룩업하는 데 필요한 명령이 스크립트에 추가된 후 즉시 실행된다. 다음 그림은 변환된 값을 포함하는, 프로모션 유형을 설명할 새로운 필드 Promotion_Type이 추가됐음을 보여준다.

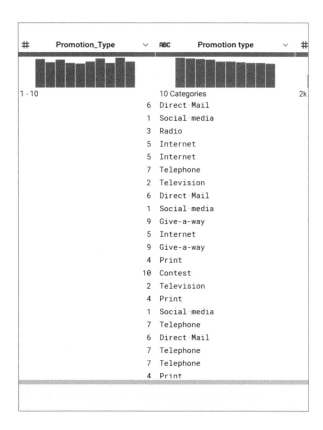

이름 바꾸기(rename) 기능을 사용해 기본값인 Promotion_Type의 이름을 적절하게 변경할 수도 있다.

데이터에 관해 마지막으로 살펴볼 문제는 누락 값이다. 프로파일링을 통해 프로모션 파일의 일부 레코드에 Promotion_Budget_Burn 필드 값이 누락됐음을 알게 됐다. 트리팩타로 이 문제를 쉽게 해결해보자.

파일이 프로젝트에 추가됐으므로 Transformer 페이지에 Promotion_Budget_Burn 필드로 이동한다. 누락 값은 필드 헤더의 표시 줄에 회색으로 표시된다. 마우스 포인터를 해당 영역 위로 가져가보자. 이 필드에 누락된 레코드가 두 개임을 알 수 있다.

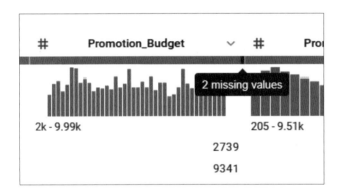

이 문제를 해결하기 원한다면 2 missing values의 회색 막대 부분을 클릭하면 된다. 트리팩타는 누락된 데이터에 적용할 수 있는 일련의 제안된 변형을 자동으로 생성한다. 이 제안 사항은 페이지 오른쪽에 표시된다.

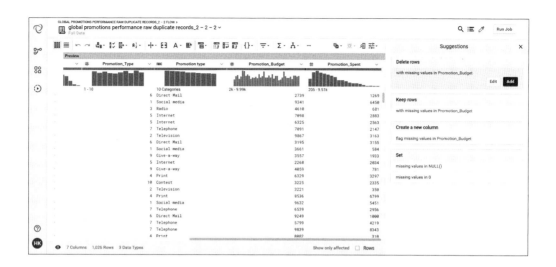

여기서 사용자가 가장 적합하다고 생각하는 작업(Delete, Keep, Create a new column, Set(삭제, 유지, 컬럼 추가, 설정))을 선택할 수 있다.

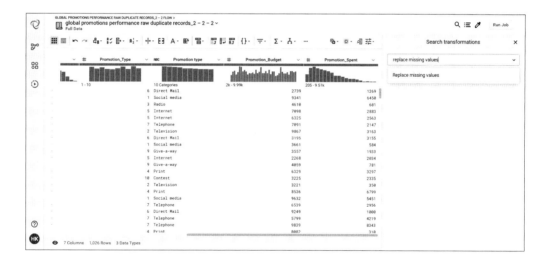

이제 돋보기 아이콘을 클릭해 Search transforms 창을 활성화하고 'replace missing values'를 입력해 검색한다.

그러면 'Replace missing values' 화면이 열리고 컬럼과 대체 값을 설정할 수 있다.

누락된 값을 대체하기 위해 value를 9999로 입력했다.

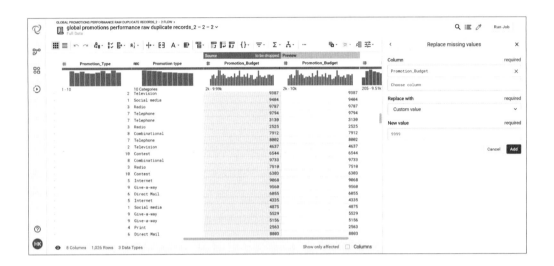

스크립트 값을 변경하고 나면 트리팩타는 변형된 결과를 미리보기로 업데이트한다. 대체된 값은 초록색으로 표시된다. 데이터 변환에 만족한다면 **Run Job**을 클릭한 다음 'Create-CSV' 작업을 추가한다.

이 정도 시점에서 트리팩타에 관해 독자의 관심을 불러일으키는 데 성공했기를 바란다. 트리팩타가 제공하는 많은 기능 중 일부만을 살펴봤지만, 데이터 랭글링의 엄청난 잠재력을 봤을 것이다.

이제 태블로에서 데이터를 시각화하는 방법을 살펴보자.

태블로 대시보드

이제 원래 목표인 시각화를 다뤄보자. 각 제품의 총 판매액을 기간별로 보여주는 시각적 대시보드를 생성한다. 다양한 프로모션이 매출에 미치는 영향을 비교하기 위해 프로모션 정보를 오버레이하기도 원한다.

여기서는 이전에 데이터의 프로파일링을 완료했다고 가정할 것이며, 따라서 그 내용을 이해하고 배경을 파악하고 있다고 하자. 프로모션 데이터를 사용해 다른 상황(조직의 마케팅 활동에 영향을 받는 등)에서의 판매액도 검토하고자 한다.

그 관점에서 앞서 예제와 마찬가지로 빅데이터(판매 트랜잭션)를 시각화에 사용할 수 있는 형식으로 집계해야 한다.

 6장의 앞부분에서 트리팩타를 살펴봤으나, 데이터 과학자에게는 실행 가능한 수많은 기법 중에서 선택할 수 있는 권한이 있음을 다시 강조하고 싶다. 무엇이든 선호하는 도구를 사용해 데이터를 성공적으로 집계할 수 있다. 이제 태블로를 이용해 시각적 대시보드를 생성해보자.

처음에 관심을 가졌던 시간 경과에 따른 제품 판매액을 바탕으로 매월 제품 이름과 총 판매액으로 집계되거나 요약된 파일을 생성했다.

다음 그림에서 부분 데이터의 일부분을 확인할 수 있으며, 파일 형식은 쉼표로 구분된 파일 혹은 CSV이다.

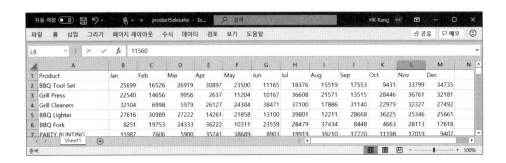

두 번째 요약 파일은 프로모션 데이터다. Promotion type과 비슷한 형식이고 매월 지출한 총 예산액이다. 이 파일은 CSV 형식의 파일이기도 하며 다음 그림에서 일부분을 확인할 수 있다.

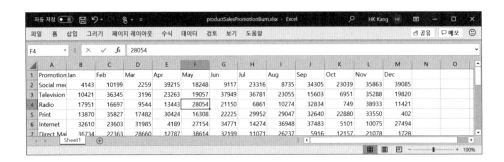

이제 요약 파일을 작성했으므로 태블로에서 이를 사용해보자.

태블로의 시작 페이지를 연다. 다음 그림과 같이 시작 화면에서 연결 아래의 Microsoft Excel을 클릭한다(참고: 연결 창에는 연결할 수 있는 여러 유형의 데이터가 나열된다). 요약 파일을 CSV 파일로 저장한 다음 MS Excel에서 열어 검토하고 워크시트로 저장한다. 다음으로 열기 대화상자에서 요약 파일을 탐색해 열 수 있다. 여기서는 promotion burn 파일을 선택한다.

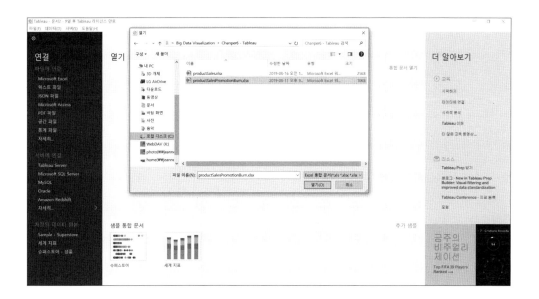

데이터를 연결하고 나면 데이터 원본 페이지에 데이터에서 찾은 워크시트가 표시된다.

시트를 태블로 캔버스로 끌어오면(시트는 '시트 1' 하나뿐이다) 다음 작업을 수행할 수 있다.

1. 데이터 원본 페이지의 상단에서 데이터 연결 방법으로 라이브(직접 연결) 또는 추출(데이터 가져오기 또는 태블로에 저장된 데이터의 서브셋)을 선택할 수 있다.

2. 데이터 원본 페이지 하단에서 그리드 형태로 데이터 원본을 미리 볼 수 있다. 표에서 데이터의 열을 숨기거나 이름을 바꾸거나 데이터 형식을 변경할 수 있다.

'시트 1'은 태블로 캔버스상에서 다음 그림과 같이 표시된다.

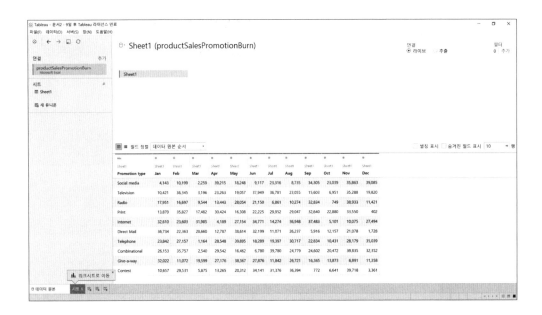

Promotion type	Jan	Feb	Mar	Apr	May	Jun	Jul	Aug	Sep	Oct	Nov	Dec
Social media	4,143	10,199	2,259	39,215	18,248	9,117	23,316	8,735	34,305	23,039	35,863	39,085
Television	10,421	36,345	3,196	23,263	19,057	37,949	36,781	23,055	15,603	6,951	35,288	19,820
Radio	17,951	16,697	9,544	13,443	28,054	21,150	6,861	10,274	32,834	749	38,933	11,421
Print	13,870	35,827	17,482	30,424	16,308	22,225	29,952	29,047	32,640	22,880	33,550	402
Internet	32,610	23,603	31,985	4,189	27,154	34,771	14,274	36,948	37,483	5,101	10,075	27,494
Direct Mail	36,734	22,363	28,660	12,787	38,614	32,199	11,071	26,237	5,916	12,157	21,078	1,728
Telephone	23,842	27,157	1,164	28,548	39,895	18,289	19,397	30,717	22,834	10,431	28,179	35,039
Combinational	26,153	35,757	2,540	29,542	16,462	6,780	39,780	24,779	24,602	20,472	39,835	32,352
Give-a-way	32,022	11,072	19,599	27,176	38,367	27,876	11,842	26,721	16,365	13,873	6,891	11,358
Contest	10,657	29,531	5,875	13,265	20,312	34,141	31,376	36,394	772	6,641	39,718	3,361

다음으로 새 시트 탭을 클릭한 후 새 워크시트로 이동해 데이터를 가지고 원하는 시각화 또는 뷰(데이터)를 생성해보자.

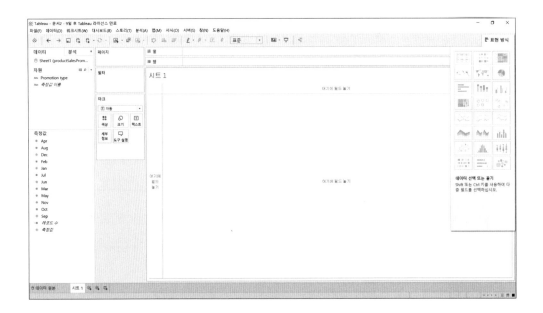

먼저 월별 프로모션 비용에 대한 기본 뷰를 작성한 다음 뷰를 확장해 더 많은 데이터를 포함하고, 가장 중요한 데이터를 클릭해 들어가면 뷰를 필터링할 수 있다. 마지막으로 결과를 돋보이게 하기 위해 색상을 추가할 수 있다.

워크시트의 왼쪽에는 데이터 창(다음 그림 참조)이 있다. 태블로 데이터 창은 차원과 측정값 외에도 다양한 종류의 필드를 포함한다. 파일 내 열은 여기서 필드로 표시된다.

프로모션 비용 합계와 같은 측정값은 숫자 데이터인 반면, 'Promotion type'과 같은 차원은 범주형 데이터라는 것을 알 수 있다.

뷰를 생성할 때 데이터 창에서 원하는 필드를 추가한다. 여러 가지 방법으로 이 작업을 수행할 수 있지만, 여기서는 데이터 창에서 필드를 끌어와 태블로 워크시트 상단에 표시되는 열과 행 위에 놓아보자.

'Promotion type'을 열로, '측정값'(매월 프로모션 비용의 총합)을 행으로 추가했다.

태블로는 다음 그림과 같이 시각화한다.

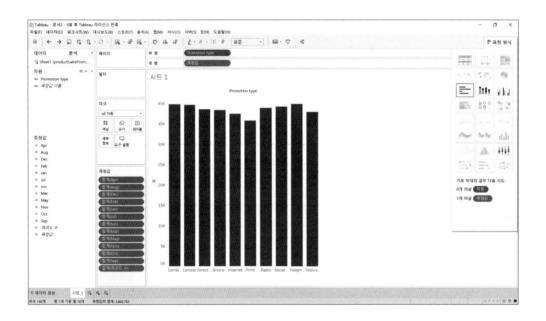

앞의 시각화로 프로모션 유형별 지출에 관한 통찰을 얻을 수 있다.

'측정값 이름'(월)을 열로, '측정값'(프로모션 지출액)을 행으로 설정하면 매월 프로모션의 지출 총액을 확인할 수 있다.

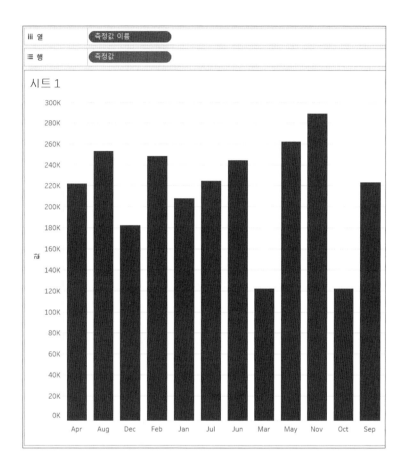

이는 대시보드에 추가하려는 것과 매우 유사하다.

이전 단계, 즉 태블로에 데이터를 추가하고 해당 데이터의 시각화하기를 동일하게 반복해 '시트 2'를 추가하자.

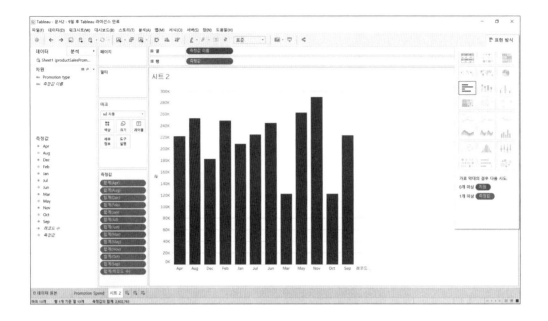

이제 두 가지 매우 단순한 두 가지 뷰를 생성했고 이를 태블로 통합 문서에 저장해야
한다. 저장된 뷰는 대시보드를 생성하는 데 사용할 수 있다. 파일을 보내거나 통합 문서
를 웹에 게시해 개별적으로 저장한 통합 문서를 다른 사용자와 공유할 수도 있다.

통합 문서 저장

태블로에서 표준 MS 윈도우 명령을 사용할 수 있다. 이를테면 키보드에서 **Ctrl + S**를 누
르면 작업이 저장된다.

파일 위치를 찾아서 통합 문서를 저장하거나 기본값인 My Tableau Repository의 Work
books 폴더에 통합 문서를 저장할 수 있다.

기본적인 사항이지만 파일 이름을 적절한 이름으로 변경하는 것이 좋다. 이 경우 MS
Excel에서와 마찬가지로 각 태블로 워크시트 탭에서 마우스 오른쪽 버튼을 클릭하면 통
합 문서의 파일 이름을 지정할 수 있다.

시트를 'Promotion Spend'와 'Product Sales'라는 이름으로 변경한다.

작업 내용을 저장할 때 파일 형식을 지정할 수 있다. 파일 형식 옵션은 다음과 같다.

- **태블로 통합 문서(.twb)**: 통합 문서 파일에는 모든 시트와 그 연결 정보가 담기지만, 데이터는 포함하지 않는다.
- **태블로 패키지 통합 문서(.twbx)**: 모든 시트와 연결 정보, 모든 로컬 리소스, 예를 들어 로컬 파일 데이터 원본, 배경 이미지, 지오 코딩^{geocoding} 등을 저장한다.

이제 뷰를 통합 문서에 저장했으므로 태블로 대시보드를 생성해보자.

결과물 프리젠테이션하기

이상적인 시각화에 관해 태블로 설명서에서 서술된 내용을 소개한다.

> "이상적인 시각화는 과학과 예술을 결합한다. 서식과 대시보드, 스토리를 사용해 데이터를 더욱 명확하고 설득력 있게, 아름답게 만들 수 있다."

대시보드는 한곳에서 볼 수 있는 워크시트와 정보를 모아 놓은 것이므로, 개별 워크시트를 클릭하지 않고 동시에 여러 뷰를 비교하고 관찰할 수 있다. 워크시트와 마찬가지로 대시보드는 데이터 원본의 최신 데이터로 자동 업데이트된다. 즉, 워크시트를 수정하면 해당 워크시트의 일부인 대시보드가 업데이트되고 대시보드에서 뷰를 수정하면 워크시트가 업데이트되는 것이다.

대시보드를 만드는 것은 워크시트 작성 방법과 유사하다. 통합 문서의 하단에 있는 **새 대시보드** 아이콘을 클릭한 후 앞서 만든 뷰(왼쪽의 시트 목록)를 클릭하고 오른쪽의 대시보드에

여기에 시트 놓기로 끌어다 놓을 수 있다.

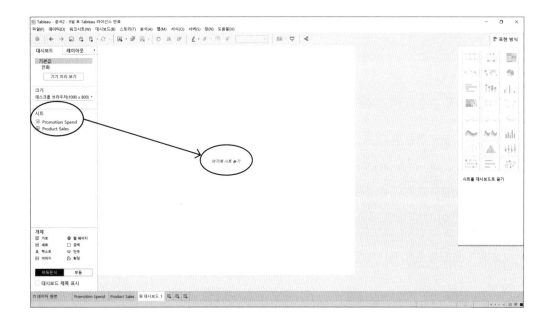

대시보드에 뷰를 추가하는 것 외에도 웹 페이지와 이미지, 텍스트, 빈 공간, 레이아웃 컨테이너를 추가할 수 있다. 자세한 내용은 나중에 설명하겠다.

다음은 월별 Promotional Spend(프로모션 비용)과 Product Sales(제품 판매량)을 비교한 간단한 대시보드다.

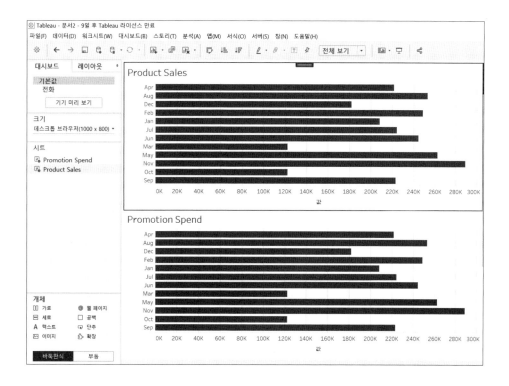

대시보드가 만들어지면 태블로의 몇 가지 멋진 트릭을 사용할 수 있다.

예를 들어 다음 그림과 같이 대시보드에서 시트를 선택하고 **Swap** 아이콘 또는 **Ctrl+ W**
(스왑 바로가기)를 클릭하면 막대그래프를 수직에서 수평으로 전환할 수 있다.

왼쪽 상단의 시트 목록에서 **시트로 이동**을 클릭하면 시트 뷰를 불러들여 검토하고 수정할
수 있다. 여기서는 끌어서 놓기 방법으로 월 이름을 달력 순서대로 배치하고 Promotion
Spend 시각화의 색상을 녹색으로 변경했다. 물론 이 작업을 수행하는 데는 다양한 방법
이 있다.

기타 도구들

태블로는 시각화를 개선하는 데 필요한 다양한 도구를 제공한다. 라벨 색상 변경, 크기 조정, 레이블 추가 또는 변경, 시각화 유형 변경, 계산식 추가 등의 작업을 수행할 수 있다. 태블로는 이러한 변경 사항을 실시간으로 적용하므로 변경 사항을 저장하기 전에 결과를 바로 확인할 수 있다.

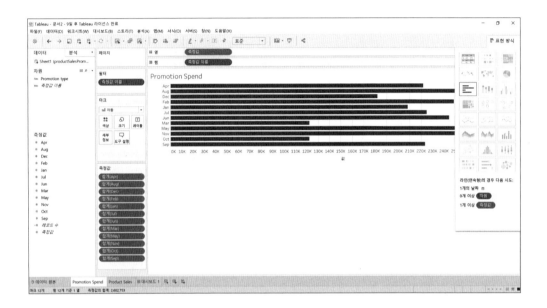

태블로는 필터링 기능도 제공한다. 시각화의 경계에서 마우스 오른쪽 버튼을 클릭하고, **필터**를 선택 후 **측정값 이름**을 클릭한다.

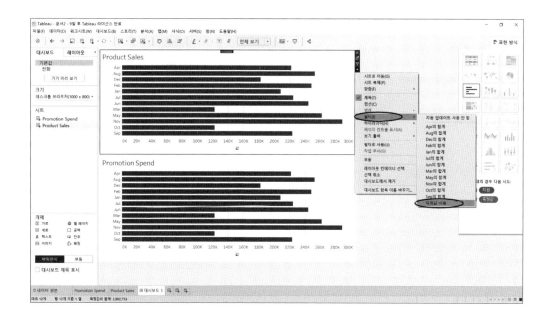

필터링 기능으로 필요한 작업을 수행하면서 데이터를 탐색할 수 있다.

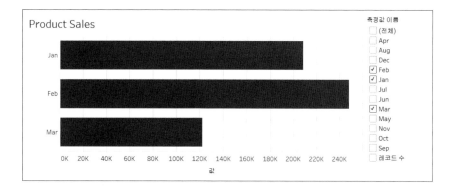

또 다른 유용한 기능을 살펴보자. 계산식을 시각화에 추가할 수 있다. 차원 카드 내 추가
메뉴를 클릭하고 **계산된 필드 만들기**를 클릭하면 데이터 원본 파일에 추가 없이 대화상자
에 수식을 작성해 시각화에 추가할 수 있다.

다음 대시보드는 좀 더 세련된 시각화를 보여준다. 하지만 이는 우리가 기대했던 수준의 시각화에는 미치지 못할 수 있다.

대시보드를 조금 더 구체화해 비즈니스 인사이트를 찾아보자.

▌ 예제 2

이전 비즈니스 시나리오(제품 판매 & 프로모션 비용 합계)를 기반으로 좀 더 현실적인 대시보드를 만들어보자.

목표는 무엇인가? – 비즈니스 목적과 대상

어떤 도구를 사용하거나 수동으로 대시보드를 작성하는 첫 단계는 목표를 설정하거나 대시보드가 해결하려고 하는 것이 무엇인지 정확하게 하는 것이다.

프로모션 비용이 전반적인 제품 판매에 어떤 영향을 미치는지 BIGGIG Enterprises의 마케팅 임원은 관찰하고 싶다.

대시보드 요구 사항 리스트는 다음과 같다.

- 올해 총 제품 판매액–CY Sales
- 전년도 총 제품 판매액–PY Sales
- 올해 총 프로모션 비용
- 전년도 총 생산 비용
- 평균 지표로 월별 제품 판매액을 시각화하기
- 월 평균 프로모션 비용을 평균 지표로 시각화하기
- 월별 판매액 대 비용 시각화하기
- 프로모션 비용 추세를 전체 제품 판매액의 비율로 나타내기
- 이 대시보드를 사용하는 고객은 C 레벨의 임원이므로, 매력적이고 유용한 디자인을 사용해야 함

다음은 Promotion Spend Effect on Sales(판매에 대한 프로모션 비용 효과)를 나타낸 대시보드다.

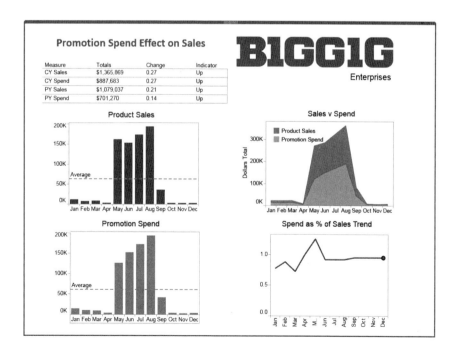

대시보드 생성의 중요한 단계를 살펴보자.

첫 번째 작업은 제목과 로고를 추가하는 것이다. 대시보드에 추가할 수 있는 몇 가지 컨테이너 개체가 있다. 여기에는 가로 및 세로 레이아웃 컨테이너, 텍스트, 이미지, 웹 페이지, 공백이 포함된다.

대시보드에 제목을 추가하려면 이전 그림에 표시된 객체 타일의 Text 객체를 클릭하고 대시보드로 끌어온다. **Edit Text** 대화상자가 나타난다. 여기에 제목을 입력하고 다음 그림과 같이 정렬, 글꼴 스타일, 크기, 색상을 설정할 수 있다.

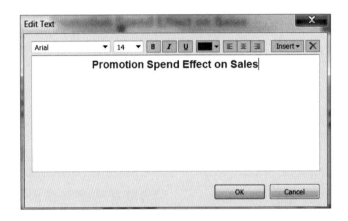

로고를 추가하는 절차도 비슷하다. 이미지 객체를 클릭해 대시보드로 끌어오자. 이렇게 대시보드에서 사용할 이미지 파일을 찾아 선택할 수 있다.

판매와 지출

앞서 Product Sales와 Promotion Spend를 시각화했다. 워크시트가 변경되면 즉시 대시보드에 적용되므로, 해당 워크시트를 다시 열고 수정한 다음 새 대시보드에 추가할 수 있다.

이러한 뷰에 축 제목을 제거하고 참조선을 추가해보자. 축에서 'Value' 제목을 삭제하려면 축을 마우스 오른쪽 버튼으로 클릭하고 **축 편집**을 클릭해 **축 제목** 항목에서 삭제할 수 있다.

평균 참조선을 추가하려면 워크시트의 달러 축에서 마우스 오른쪽 버튼으로 클릭한 다음 '참조선 추가'를 선택한다. 참조선, 구간 또는 플롯 추가 대화상자(다음 그림 참조)에서 라인을 선택한다.

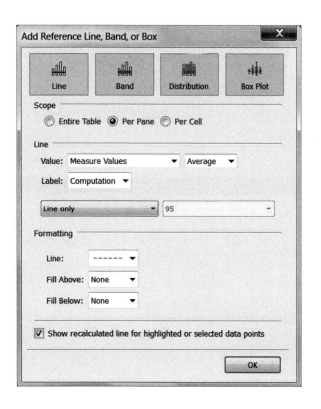

범위에서 '패널별'로, 라인에서 '측정값' 및 '평균'으로, 그림과 같이 서식 지정을 선택했다. 목적에 맞게 이러한 설정을 변경해 확인해볼 수 있다.

Sales v Spend와 Spend as % of Sales Trend 추가하기

대시보드의 유용성을 높이기 위해 두 가지 시각화 또는 데이터 뷰를 추가했다.

Sales v Spend 그래프는 지역별 그래프를 사용해 월별 총 프로모션 비용을 제품 판매액에 매핑한다. 그리고 Spend as % of Sales는 라인 그래프를 사용해 총 프로모션 비용을 월별로 연결해 프로모션 비용이 어떤 추세인지 표시한다.

항상 그렇듯이 시각화에 필요한 데이터와 형식을 정의한 다음 원시 데이터 원본을 사용 중인 도구(여기서는 태블로)와 작업 목표(대시보드에서의 sales dollars' versus spend dollars)에 적합한 집계 파일로 수정하자.

목적에 맞게 다음 파일과 같이 Product Sales와 Promotion Spend에 따른 매월 하나의 레코드로 형식을 변경했다.

이 파일을 메뉴 데이터, 새 데이터 원본, MS Excel의 메뉴로 새 데이터 원본을 추가하면 원하는 데이터 뷰의 시각화를 정의하는 새 워크시트를 만들 수 있다. 이 워크시트에서는 열로 월 이름을, 행으로 달러 금액을 사용한다.

데이터의 형식(이 예제에서는 두 가지 별개의 측정값이 있음)에 따라 태블로는 이러한 데이터를 매핑한다(태블로는 파일의 모든 개별 측정값을 매핑하거나 그린다).

다음은 Sales v Spend를 시각화한 것이다.

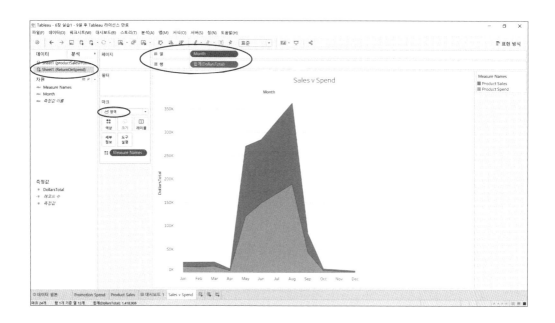

프로모션 비용을 판매액 비율로 시각화하는 가장 쉬운 방법은 계산된 필드를 집계된 파일에 추가하는 것이다(6장의 뒷부분에서 복잡하게 계산된 공식 필드를 태블로에 추가하는 것을 소개한다. 하지만 지금은 데이터 원본 파일에 데이터를 추가하도록 한다).

다음 그림에서 볼 수 있듯이 새로운 'Percent of Sales'를 추가해 파일을 태블로의 새 데이터 원본으로 설정했다.

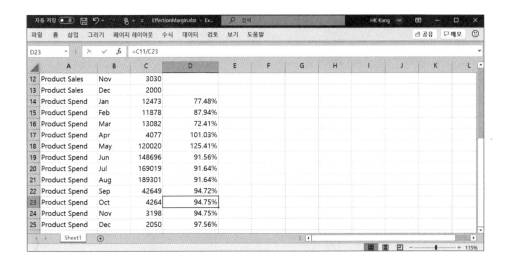

다시 한 번 강조하지만 새로운 워크시트를 만들고 데이터 목록에서 새 파일을 선택한 다음 시각화 또는 뷰를 생성한다.

1. Month 차원을 열로 끌어온다.

2. Measure Percent of Sales를 행으로 끌어온다.

3. 시각화 유형으로 라인을 선택한다.

4. 제목과 축 텍스트를 편집한다.

5. 워크시트를 저장한다.

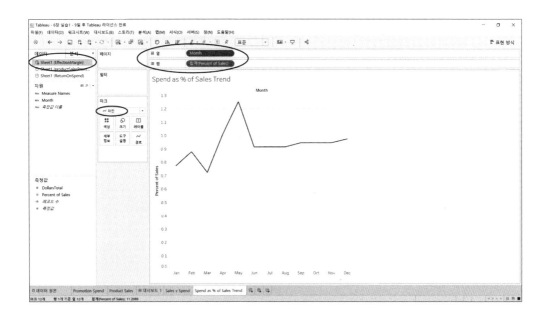

테이블과 표시기

대시보드 만들기의 마지막 단계는 화면 왼쪽 상단에 있는 텍스트 테이블 생성이다.

Measure	Totals	Change	Indicator
CY Sales	$1,365,869	0.27	Up
CY Spend	$887,683	0.27	Up
PY Sales	$1,079,037	0.21	Up
PY Spend	$701,270	0.14	Up

태블로에서는 한 차원을 행에, 다른 차원을 열에 배치해 텍스트 테이블(크로스 탭 또는 피벗 테이블이라고도 함)을 생성할 수 있다. 그런 다음 뷰를 완성하기 위해 하나 또는 그 이상의 측정값을 'Text on the Marks' 카드로 끌어온다.

다음은 또 다른 집계 파일이며, current year(현재 연도, CY)와 prior year(전년, PY)의 판매액, 지출액에 대한 총액을 포함한다. 전년도 대비 증가 또는 감소율을 갖는 Change라는 열도 추가했다.

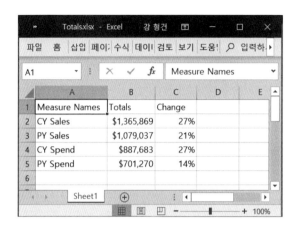

다음 그림과 같이 파일이 태블로 데이터 원본으로 추가된 것을 확인할 수 있다.

새 데이터 원본을 추가한 후, 다음 그림과 같이 새 워크시트를 생성할 수 있다.

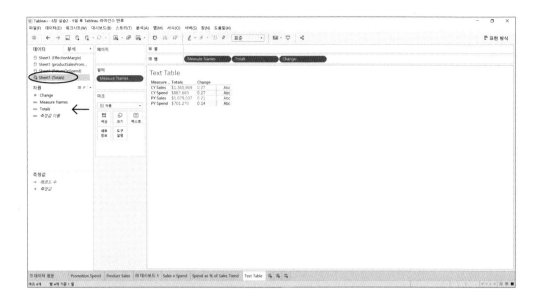

또 다른 새로운 열인 Indicator라는 태블로 계산 필드가 추가됐음을 알 수 있다. 계산 필드는 태블로 수식을 사용해 생성한 필드이며, 이는 데이터 원본의 기존 필드를 수정한 것이다. 이러한 필드들은 데이터 원본의 일부로 저장된다.

다음 그림에 표시된 계산 편집기를 사용해 이 필드를 생성한다. 태블로 계산 편집기를 열려면 데이터 창의 차원 오른쪽에 있는 드롭 다운을 클릭하고 **계산된 필드 만들기**를 선택한다.

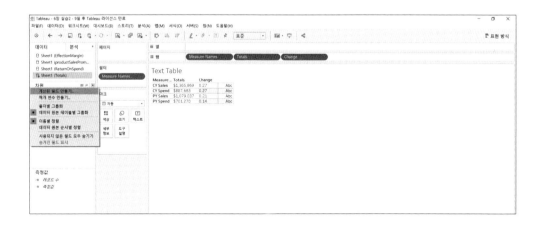

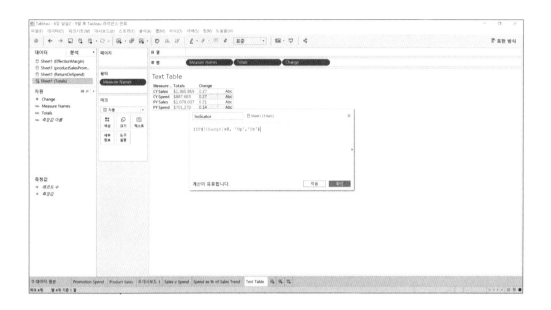

앞의 그림은 계산 편집기로 논리적인 계산 필드를 작성하는 방법을 보여준다. 이 수식에서 **Change** 열의 현재 셀 값이 양수이면 이전 연도 대비 Up(그렇지 않으면 이전 연도 대비 Dn)임을 뜻한다. 계산 편집기는 수식 구문을 자동으로 확인하고, 왼쪽 하단에 '계산이 유효합니다'를 표시한다. 계산 필드에는 여러 유형이 있을 수 있다. 앞에서 제시한 조건식은 단지 하나의 예에 지나지 않는다.

모두 합치기

정적 텍스트(대시보드 제목)와 로고(이미지 파일), 다섯 가지 개별 뷰의 형태로 각 대시보드 구성 요소를 구성했으므로, 이제 남은 과제는 실제 대시보드들을 조합하는 것뿐이다.

1. 앞에서 설명한 것처럼 새 대시보드를 생성하기 위해 태블로 통합 문서 맨 아래의 **새 대시보드** 아이콘을 클릭한다. 새로운 대시보드 탭이 왼쪽에 나타나고 통합 문서의 시트가 나열된다.

2. 새 대시보드를 생성했으면, 생성된 뷰(왼쪽의 '시트' 아래에 있음)를 클릭하고 오른쪽의 대시보드 시트로 끌어다 놓는다.

3. 대시보드에 뷰를 추가하는 것 외에도 웹 페이지, 이미지, 텍스트, 빈 공간, 레이아웃 컨테이너를 포함한 객체를 추가할 수 있다. 개체를 추가하기 위해 왼쪽의 **개체** 아래에서 항목을 선택하고 대시보드 시트로 끌어오자.

> **ⓘ** 레이아웃 컨테이너는 사용자가 대시보드와 상호작용하기 위해 대시보드 크기를 조정하기에 매우 유용하다. 이 예제에서는 가로 또는 세로 레이아웃 컨테이너 객체를 활용하지 않고, 플로팅 방식을 사용해 수동으로 대시보드에 구성 요소를 이동시켜 배치했다.

대시보드를 작성한 후에는 태블로가 특정 장치를 지원하는 레이아웃을 작성해 특별히 설계된 대시보드(스마트폰, 태블릿, 데스크톱, 특정 브라우저 등)를 경험할 수 있도록 한다. 대시보드를 열어 태블로의 장치 미리 보기 기능을 사용하면, 선택한 특정 장치에서 어떻게 보이는지 확인할 수 있다.

▌ 요약

6장에서는 트리팩타 랭글러를 사용해 원시 빅데이터를 쉽게 처리하고 시각화할 수 있는 형식으로 프로파일링하고 조작했다. 기본 데이터 원본에 컨텍스트를 제공하기 위해 보조 데이터 원본을 사용하는 개념도 살펴봤다.

다음으로 준비된 데이터를 사용해 대화형 대시보드의 개별 구성 요소를 시각화하는 도구로 태블로를 소개했다.

7장에서는 이상점[outliers]을 다루고, 파이썬을 사용해 이상점과 기타 예외적인 데이터를 처리하기 위한 실제 예제 솔루션을 살펴보자.

07

파이썬을 사용해 이상점 다루기

모든 데이터는 일정 비율로 그 컨텍스트를 기반으로 데이터에 설정된 합리적인 범위를 벗어나는 점^{points} 또는 응답^{responses}인 이상점^{outliers}을 포함한다. 발견된 이상점에 대한 일반적인 대응은 빅데이터 전략 내에서 점점 더 어려워지고 있다.

7장에서는 이상치를 어떻게 다룰지 살펴보자. 구체적으로 빅데이터 시각화와 파이썬 언어를 소개하고, 파이썬을 사용해 빅데이터에서 데이터 이상점과 기타 이상 데이터를 효과적으로 처리하는 예제를 제공하고자 한다.

7장에서 다루는 내용은 다음과 같다.

- 파이썬이란?
- 파이썬과 빅데이터
- 이상점

- 몇 가지 기본 예제
- 더 많은 예제

■ 파이썬이란?

1980년대 말부터 고안되기 시작한 파이썬은 이해하기 쉬운 스크립팅 언어다. 통합이 쉽고 모든 종류의 도구가 준비돼 있으며 데이터베이스와 다른 여러 시스템에 연결할 수 있다.

파이썬은 웹 개발에서도 널리 사용되지만 주로 백엔드에서 사용된다. 파이썬은 대화식 또는 라이브 모드로 실행되기 때문에 파이썬 솔루션을 배포 용도의 단일 실행 파일로 압축하는 것은 어렵다.

파이썬은 데스크톱 애플리케이션이 아니지만 코드 가독성을 강조해 디자인된 스크립팅 언어이며, 파이썬 구문은 C 또는 Java와 같은 언어보다 짧은 코드로 모든 오버 헤드 없이 문제를 해결할 수 있게 한다.

또한 파이썬으로 스크립트를 작성할 때 사용할 수 있는 Wingware(www.wingware.com)와 같은 다양한 무료 버전의 파이썬 IDE가 있다.

파이썬은 매우 다양하고 강력한 기능으로 지난 몇 년 동안 높은 인기를 누린 빅데이터 프로젝트를 위한 탁월한 선택이라 할 수 있다.

▌ 파이썬과 빅데이터

파이썬은 빅데이터 조작에 매우 적합한 선택이며 특히 7장에서 다룰 예정인 빅데이터의 이상점을 처리하기에 좋다. 바로 다음과 같은 특징 때문이다.

- 이해하고 사용하기 쉽다. 파이썬은 비교적 빨리 배울 수 있고 바로 시작할 수 있으며 빅데이터를 조작하고 처리하는 데 좋다.
- 파이썬은 데이터 처리와 시각화, 기타 데이터 조작을 위한 다양한 라이브러리를 제공한다. 이를 통해 파이썬은 매우 다양하고 강력하며 빅데이터를 처리하는 데 필요한 가장 기본적인 작업 관련 솔루션을 제공함으로써 더욱 인기를 끌고 있다.
- 파이썬은 어디에서나 사용할 수 있는 범용 언어지만, 특히 유연하고 민첩하게 빅데이터 고유의 문제를 해결할 수 있는 맞춤형 솔루션이다.

이러한 기능으로 빅데이터를 조작하고 처리할 수 있으며, 도출된 인사이트를 빠르게 조직에 전파할 수 있다. 파이썬은 즉시 가치를 도출하고 시장에서의 경쟁력을 유지할 수 있는 강력한 도구다.

이제 시작해보자.

▌ 이상점

7장에서는 빅데이터 원본을 조작해 데이터 이상점을 처리하려고 한다. 따라서 데이터 이상치를 다시 한 번 상기시켜보자.

다음과 같이 이상치를 정의할 수 있다.

- 다른 점과 조화되지 않는 데이터 점
- 적합하지 않은 데이터 조각

- 매우 크거나 매우 작은 값
- 데이터 내의 비정상적인 관측치
- 다른 모든 관측치와 거리가 먼 관측치

이상점 옵션들

빅데이터에서 발견된 이상치를 처리하기 위해 흔히 선택되는 옵션은 다음과 같다.

- **삭제**: 여기에는 이상치 또는 실제 변수가 포함된다.
- **변형**: 여기에는 값 또는 변수 자체가 포함된다.

삭제

이상치가 적을 경우 단순하게 외곽 값$^{outlying\ values}$을 삭제할 수 있다. 그러면 이상점은 공백^{blank}이거나 누락 값$^{missing\ values}$이 돼 시각화에서 다루기가 더 쉽다. 이해되지 않는 변수나 너무 많은 이상치가 있는 경우에는 혹은 변수가 필요하지 않은 경우 전체 변수를 삭제하기도 한다.

변환

삭제 대신 이상치를 변경할 수도 있다. 이는 좀 더 복잡하다. 그러나 이상치를 다음의 가장 큰/가장 작은 숫자(이상치가 아닌)로 변경하거나, 그다음의 가장 큰/가장 작은 숫자(이상치가 아닌)와 한 단위 큰/작은 값을 더해 변경하거나, 목적에 맞게 어떤 다른 로직으로 값을 변경할 수도 있겠다.

마지막으로 변숫값 자체를 변형할 수도 있다. 변수의 비정규성을 이해한 다음 적절한 로직과 수식을 사용해 변수를 변경하는 것이다. 간단한 예제에서는 평균^{mean} 또는 합계^{sum}를 사용한다.

이상점 식별하기

이상치를 식별한다는 개념을 다른 이름으로 언급하기도 한다. 예를 들면 다음과 같다.

- 이상치 마이닝^{Outlier mining}
- 이상치 모델링^{Outlier modeling}
- 이상치 탐지^{Novelty detection}
- 이상 탐지^{Anomaly detection}

7장에서는 이상치를 식별하는 것이 아니라 다루는^{addressing} 관점에서 살펴볼 것이다.

 1장, '빅데이터 시각화 소개'에서 언급한 '빅데이터 시각화 과제' 절을 참조해 이상치를 식별하는 프로세스를 좀 더 복잡하게 만들 수 있다.

여러 번 말했듯이 빅데이터의 시각화에는 데이터 집계 또는 요약, 사전 처리가 선행돼야 한다. 그렇지 못한 경우 효과적이고 실용적인 시각화가 되기 어렵다. 이 전처리는 이상점에 대한 데이터를 분석하는 과정에서도 필요하다. 사실 개별 요소를 구별할 수 있도록 빅데이터를 세분화하는 것의 정도는 적절하게 높아야 한다. 그렇지 않으면 이상점 분석이 쉽지 않을 수 있다. 빅데이터 이상점 분석의 어려움을 해결하기 위해 많은 조직에서는 실시간 이상치 탐지^{real-time outlier detection}(이상 탐지^{anomaly detection}라고도 함)를 도입한다. 실제로 이를 위해 여러 가지 프로그래밍 가능한 소프트웨어 솔루션을 사용할 수 있다.

빅데이터를 조금 더 다루기 쉬운 단위로 집계한다는 것과 더불어, 모집단 정의에 더욱 충실하게 변경하는 방법이 있다. 이는 빅데이터 원본을 특정 목적에 맞게 훨씬 더 작은 뷰 또는 데이터 조각으로 줄일 수 있다는 개념이다. 7장의 뒷부분에서 자세히 설명하겠다.

이제 이 책의 각 장에서 살펴본 바와 같이 예제를 사용해 빅데이터에서 확인된 이상치를 해결할 수 있는 다양한 방법을 살펴보자.

▌ 몇 가지 기본 예제

게임 세계에서 슬롯머신(슬롯에 동전을 넣고 핸들을 당기는 도박 기계)은 꽤 유명하다. 오늘날 대부분 슬롯머신은 전자식이며, 연속적으로 고객의 활동activity을 추적하도록 프로그래밍 돼 있다. 이를 첫 번째 예제로 다룬다.

수익성을 위한 슬롯머신 테스트

카지노 오너는 다양한 부가 데이터뿐만 아니라 고객 활동 데이터를 사용해 수익성 전략 의 수정을 꾀한다. 즉, 수익성 있는 슬롯머신을 만들기 위해 무엇을 고려해야 할까? 머신 의 테마 또는 유형은 고려 사항일까? 오래된 머신보다 최신 머신이 더 수익성이 있을까? 머신의 물리적 위치를 고려해야 할까? 더 낮은 베팅 단위의 머신이 실제로 수익성이 있 을까?

그리고 앞의 사항을 판단하기 위해 다음 정보를 수집 중이다.

- Location: 슬롯머신의 위치
- Denomination: 니켈(5센트), 쿼터(25센트), 달러 등의 베팅 단위
- Month: 월
- Weekday: 평일
- Type: 4릴Reel, 5릴, 프로그레시브Progressive 등과 같은 머신 유형
- Theme: 머신의 테마(영화, 엔터테인먼트, 호러 등)
- Age: 연식(머신의 사용 개월 수)
- Promotion: VIP, Monthly Player(월간 플레이어), Daily Special(일일 스페셜) 등과 같은 프로모션 진행 여부
- Coupons: 이 기계에서 사용한 쿠폰
- Weather: 특정 날짜의 지역 날씨
- Coin-in: 지급금을 제외한 머신의 총 동전 합계

수집된 데이터 일부는 다음 그림과 같다.

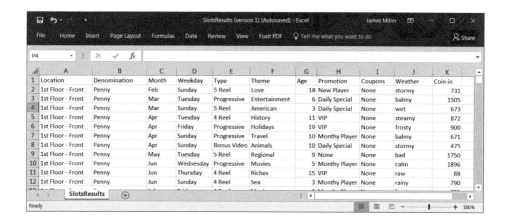

이상점으로 들어가기

데이터를 적절한 크기만큼 검토했다고 가정해보자. 다시 말해서 슬롯머신 데이터를 프로파일링하고 컨텍스트와 품질을 확인한 다음 몇 가지 간단한 이상점 시나리오를 확인해보자.

절차는 다음과 같다.

1. 페니 슬롯머신은 평균 8시간 동안 천 달러 정도를 벌어들이는 것으로 알려졌다. 그러나 기록된 슬롯머신 데이터 중 일부는 이 금액의 2배를 초과한다(Coin-in> 1000).

2. 기록된 Coin-in 데이터에는 Video-poker 머신에서 생성된 데이터가 섞여 있다. 비디오 포커 머신은 게임기의 일종이지만, 슬롯머신으로 분류되지 않으므로 Type = "Video-poker"를 분석에 포함시키지 않는다.

3. 보통 슬롯머신은 20년 주기로 교체되지만 일부 데이터는 20년 이상을 보여준다 (Age>20).

4. 마지막으로 Coupons라는 데이터 포인트는 None이라는 단일 값만을 표시하므로 이 필드에는 유용하지 않다(Coupons = "None").

이상치를 다루는 것에 있어 전략을 미리 수립하는 것이 중요하다. 이를 사용해 파이썬으로 앞서 설명한 이상점 처리를 수행할 수 있다.

지나치게 큰 값 다루기

첫 번째 이상점 시나리오에서는 페니 슬롯머신에서 수집된 정보를 다뤄보자. 이 머신은 페니 동전만 허용하며 일반적으로 당첨금이 적다.

누적된 데이터를 보면 페니 슬롯머신은 보통 일정 기간 동안 약 1,000달러를 벌어들인다. 데이터 프로파일링 중에 페니 슬롯머신 기록 내 2,000달러 이상의 Coin-in 값을 보여주는 데이터를 발견했다.

다음 그림을 사용하면 일부 슬롯 결과 데이터에서 확인된 이상치를 명확하게 설명할 수 있다.

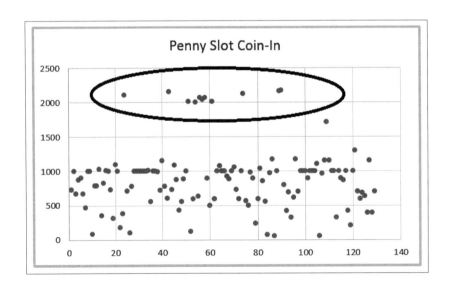

카지노 오너와 검토 후에 이러한 이상치를 이상치가 아닌 평균 금액으로 변경하기로 정했다. 다시 말해 페니 슬롯머신의 평균 Coin-in 금액을 계산한 다음, 모든 Coin-in이 2,000을 초과하는 모든 이상치를 평균값으로 설정해야 한다.

앞서 페니 슬롯의 평균으로 언급한 1,000을 이미 합리적으로 사용한다고 가정할 수도 있고, 빅데이터를 추가로 분석해 더욱 합리적이고 유효한 평균 Coin-in 값을 계산할 수도 있다.

파이썬을 사용해 사용할 값을 결정하고 이상치를 결정한 값으로 설정하는 두 가지 작업을 수행할 수 있다.

값 설정하기

실제로 이상점 변환에서 유효하거나 합리적인 값을 설정하는 일은 매우 복잡하거나 혹은 생각 외로 간단할 수 있다. 그러나 이러한 분석뿐만 아니라 관련 처리는 특정 목적이나 목적에 타당한 논리에 근거한다고 말하는 것이 좋다.

7장에서는 값을 설정하기 위해 어떤 로직을 사용해야 하는지에 대한 연구보다는 어떤 로직으로 특정 값을 설정하려는 목적을 달성하기 위한 파이썬 애플리케이션에 더 집중하고 있다. 따라서 다음과 같은 로직을 가정한다.

Coin-in 값이 2,000 이상인 슬롯머신을 제외하고, 모든 페니 슬롯머신 레코드에 Coin-in이라는 필드에 값을 추가해 평균 coin-in을 설정한다. 그런 다음 누적된 총 Coin-in 수를 데이터 원본의 페니 슬롯머신 수 즉, 계산한 페니 슬롯머신의 행 수로 나눠 계산하면 된다.

이 값을 설정하는 파이썬 스크립트는 다음과 같다.

```
# --- simply add up the coin-in for penny slots
# --- skipping any coin-in total over 1999
```

```
import csv

with open('SlotsResults.csv') as csvfile:
    reader = csv.DictReader(csvfile)

    # --- 행 수와 coin-in 수량의 평균값 변수를 초기화한다.
    # --- "x"는 coin-in의 누적 합계다.

    row_count = 0
    aver_coin_in = 0.0
    x = 0.0

    for row in reader:
        if (row['Denomination']) == 'Penny':
            if int(row['Coin-in'])<2000:
                x += int(row['Coin-in'])
            row_count += 1

# --- 페니 슬롯머신의 coin-in 총합을 페니 슬롯머신 수로 나누어 coin-in의 평균을 계산한다.

    aver_coin_in = x/row_count

# --- coin-in의 누적 평균값을 출력한다.

    print(aver_coin_in)
```

그동안 스크립트에 변수를 추가해 coin-in 값(페니 슬롯머신의 경우 2,000 미만)을 평가하고 MIN 및 MAX 값을 확인할 수 있었다.

x 변수가 Coins-in의 합인 경우, y와 z는 MIN과 MAX가 될 수 있다.

```
# --- AVG, MIN and MAX
import csv
```

```python
with open('SlotsResults.csv') as csvfile:
    reader = csv.DictReader(csvfile)

    # --- 행 수와 coin-in 수량의 평균값 변수를 초기화한다.
    # --- "x"는 coin-in의 누적 합계다.
    # --- y는 최솟값, z는 최댓값이다.

    row_count = 0
    aver_coin_in = 0.0
    x = 0.0
    y = 999
    z = 0.0

    for row in reader:
        if (row['Denomination']) == 'Penny':
            if int(row['Coin-in'])<2000:
                x += int(row['Coin-in'])
                if int(row['Coin-in'])>z:
                    z = int(row['Coin-in'])
                if int(row['Coin-in'])<y:
                    y = int(row['Coin-in'])
            row_count += 1

# --- 페니 슬롯머신의 coin-in 총합을 페니 슬롯머신 수로 나누어 coin-in의 평균을 계산한다.

    aver_coin_in = x/row_count

# --- just print the calculated average coin-in

    print("AVG:", aver_coin_in)
    print("MIN:",y)
    print("MAX:",z)
```

7장의 앞부분에서 언급한 데스크톱 IDE Wingware에서 파이썬 스크립트를 실행한 결과는 다음과 같다.

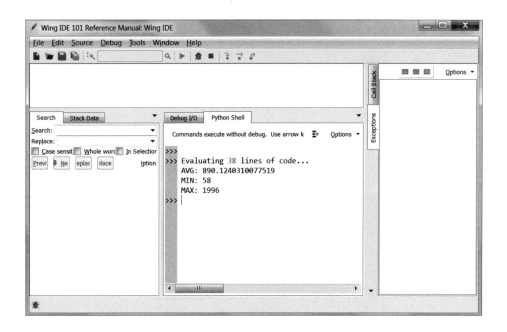

빅데이터 노트

앞의 스크립트는 루핑^{looping} 방식을 사용해 데이터의 모든 페니 슬롯머신의 평균 coin-in 값을 계산한다. 빅데이터 원본으로 작업할 때 결과를 도출하기 위해 수백만 개의 레코드를 읽기란 현실적으로 무리다. 이 책 전반에서 지적했듯이 데이터를 일정 기간으로 축소하는 것과 같이 먼저 일부 데이터의 데이터 전처리를 수행해야 한다.

이상점 설정하기

평균 동전 입금 값을 얻은 다음, 다음의 간단한 파이썬 스크립트를 사용해 데이터 내에서 발견된 모든 이상치를 해당 값으로 설정할 수 있다. 여기서는 동전이 2,000개가 넘는 페니 슬롯머신의 모든 이상치들을 페니 슬롯머신의 평균 coin-in으로 설정한다.

```python
# --- 이상치를 930으로 설정한 새로운 csv 파일을 생성한다.

import csv
with open('SlotsResults_new.csv', 'w') as csvfile_o:
    fieldnames = ['Location','Denomination','Month','Weekday','Type','Theme','Age','Promotion','Coupons','Weather','Coin-in']

    with open('SlotsResults_larger.csv') as csvfile:
        reader = csv.DictReader(csvfile)
        writer = csv.DictWriter(csvfile_o, fieldnames=fieldnames)

        writer.writeheader()

        for row in reader:
            if row['Coin-in']>'2000':
                x = '930'
            else:
                x = row['Coin-in']

            writer.writerow({'Location': row['Location'],
                            'Denomination': row['Denomination'],
                            'Month': row['Month'],
                            'Weekday': row['Weekday'],
                                'Type': row['Type'],
                            'Theme': row['Theme'],
                            'Age': row['Age'],
                            'Promotion': row['Promotion'],
                            'Coupons': row['Coupons'],
                            'Weather': row['Weather'],
                            'Coin-in': x
                            })
```

특정 레코드 제거하기

슬롯 게임 결과 데이터에서 접하게 될 또 다른 이상점 시나리오는 다른 유형의 게임 머신, 즉 Video Poker 유형 머신에서 수집된 레코드의 존재 여부다.

다음은 게임 머신 데이터의 Type 필드를 시각화한 것이다.

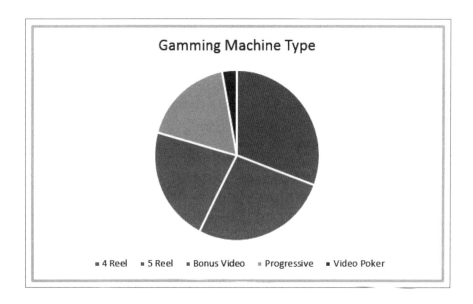

비디오 포커 머신의 데이터 레코드에는 다른 슬롯머신 유형과 같이 다음의 유효한 필드가 모두 포함돼 있다.

- Location(위치)
- Denomination(배팅 단위)
- Weekday(주일)

그러나 이러한 레코드가 슬롯머신 빅데이터 분석 프로젝트에 포함돼서는 안 된다. 이론적으로는 이러한 머신의 수익성이 다른 이벤트나 수단에 의해 영향을 받거나 혹은 받지 않을 수도 있기 때문이다. 이러한 머신의 결과는 다른 유형의 머신 결과에 대한 인식을 바꿀 수 있다.

게임 데이터 내에서 Bonus Video 타입 머신을 살펴봤을 것이다. 이러한 기계는 슬롯머신 유형의 게임 머신으로 적합하므로 Video Poker 유형과 혼동해서는 안 된다.

중복성과 위험

Video Poker 유형 머신의 데이터는 분석 및 시각화 작업에서 무시할 수 있지만, 데이터를 무시하는 것이 꼭 효과적인 접근법이라고 할 수는 없다.

프로젝트에서 목적과 관련이 없는 데이터를 유지하려면 수행하는 모든 로직 단계, 경로, 명령문 또는 기능에서 해당 데이터를 명시적으로 제외해야 한다. 왜 같은 예외 구문을 반복해서 수행해야 하는가? 스스로에게 물어보자. 나아가 해당 데이터를 제외하는 것을 잊고 결과에 그 데이터를 실수로 포함하는 위험을 감수해야 하는 이유가 무엇인가?

다른 고려 사항

빅데이터를 다루는 것은 어려운 작업이므로, 작업 중인 빅데이터의 크기를 줄이거나 줄일 기회를 심각하게 생각해야 하며 이를 최대한 활용할 수 있어야 한다.

If 유형

이 경우 운이 좋은 것이다. 이러한 원치 않고 관련성이 없는 모든 레코드는 Type 필드와 조건문을 사용해 명확하고 쉽게 식별할 수 있기 때문이다. `Type != "Video Poker"`(여기서 negative인 Not Equal To를 사용하고 있다. 그러나 예제 스크립트로서 데이터에서 발견되는 많은 다른 머신 유형 레코드를 Equal To로 포함하는 것이 좀 더 쉽다).

이를 염두에 두고 다음과 같은 파이썬 스크립트를 사용해 Video Poker 유형의 슬롯머신 데이터에서 확인된 모든 기록을 삭제할 수 있다.

--- Video poker 레코드를 삭제한 새 CSV 파일 작성을 생성한다.

```python
import csv
with open('SlotsResults.csv', 'w') as csvfile_o:
    fieldnames = ['Location','Denomination','Month','Weekday','Type','Theme','Ag
    e','Promotion','Coupons','Weather','Coin-in']

    with open('SlotsResults_slotonly.csv') as csvfile:

        reader = csv.DictReader(csvfile)
        writer = csv.DictWriter(csvfile_o, fieldnames=fieldnames)

        writer.writeheader()
        for row in reader:
```

--- 삭제할 레코드를 식별하기 위해 Type 필드를 사용한다.

```python
            if row['Type']!='Video Poker':
                writer.writerow({'Location': row['Location'],
                    'Denomination? row['Denomination'],
                    'Month': row['Month'],
                    'Weekday': row['Weekday'],
                        'Type': row['Type'],
                    'Theme': row['Theme'],
                    'Age': row['Age'],
                    'Promotion': row['Promotion'],
                    'Coupons': row['Coupons'],
                    'Weather': row['Weather'],
                    'Coin-in': row['Coin-in']
                    })
```

재사용

앞서 파이썬 스크립트가 앞에서 사용된 스크립트와 실제로 같은 것임을 알 수 있다. 동일

270

한 로직을 사용해 게임 파일을 읽고 새 파일을 생성했다. 레코드의 Type 필드를 테스트 하기 위해 조건문을 변경하고, Type 필드가 Video Poker가 아닌 레코드만 포함시켜 새 CSV 파일을 생성한다.

```
# --- 타입이 슬롯머신 타입과 같지 않은 경우
if row['Type']!='Video Poker':
```

특정 값 변경하기

세 번째 이상점 시나리오에서 슬롯머신 데이터에 Age라는 필드가 있음을 알 수 있다. 이 필드는 기록 슬롯머신이 사용된 총 연도 수를 나타낸다.

앞서 게임 예제에서 슬롯머신의 평균 사용 연수는 20년에 불과하다는 기존의 원칙이 있기 때문에 모든 머신은 그 연수에 도달하기 전에 교체해야 한다(실제로 모든 슬롯머신은 20년이 지나면 데이터에서 서비스 연수를 더하지 않는다).

다음 그림과 같이 데이터 프로파일링 과정에서 20년 이상인 다수의 슬롯머신 레코드가 확인됐다. 이러한 사용 연수는 이상점으로 간주한다.

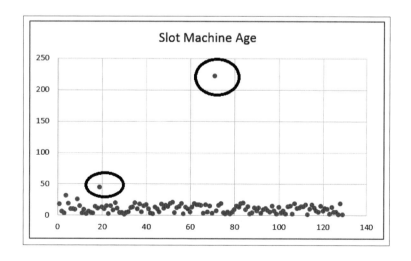

잠재적으로 표준 기대 사용 연수 이상의 슬롯머신을 대표할 뿐이기 때문이다.

사용 연수 설정

게임 예제에서 모든 슬롯머신 레코드의 20보다 큰 Age 값을 20으로 설정하려고 한다.

이를 위한 파이썬 스크립트는 다음과 같다.

```python
# --- 만약 나이가 20보다 큰 경우, 나이를 20으로 고정한 새로운 csv 파일을 생성한다.

import csv
with open('SlotsResults_fixedAge.csv', 'w') as csvfile_o:
    fieldnames = ['Location','Denomination','Month','Weekday','Type','Theme','Ag
    e','Promotion','Coupons','Weather','Coin-in']

    with open('SlotsResults_larger.csv') as csvfile:
        reader = csv.DictReader(csvfile)
        writer = csv.DictWriter(csvfile_o, fieldnames=fieldnames)
        writer.writeheader()
        for row in reader:

        # --- 만약 나이가 20보다 큰 경우, 나이를 20으로 고정한다.
        # --- 변수 x는 적정한 연령을 설정하는데 사용된다.

            if row['Age']>'20':
               x = '20'
            else:
               x = row['Age']

            writer.writerow({'Location': row['Location'],
                        'Denomination': row['Denomination'],
                        'Month': row['Month'],
                        'Weekday': row['Weekday'],
                            'Type': row['Type'],
                        'Theme': row['Theme'],
```

```
                'Age': x,
                'Promotion': row['Promotion'],
                'Coupons': row['Coupons'],
                'Weather': row['Weather'],
                'Coin-in': row['Coin-in']
            })
```

메모

앞서 사용한 파이썬 스크립트를 재사용했다. Coin-in의 수정을 위해 사용했던 스크립트를 변경해 슬롯머신 Age의 값을 테스트하고 설정했다. 이 책 전체에서 언급했듯이 파이썬 (또는 어떤 종류의) 스크립트를 작성할 때 수많은 방법이 있으며, 이 예제는 하나의 단순한 접근 방법일 뿐이다.

단순한 것이 보통 더 좋으며 더욱 작은 사이즈의 데이터 서브셋^{subset}을 사용하며 시행착오를 해보길 적극 권장한다. 항상 먼저 작은 데이터 하위 집합으로 로직을 테스트하는 것이 좋은 습관임을 명심하자.

필드 삭제하기

일반적인 데이터 프로파일링 프로세스에서 파일의 각 필드나 데이터 포인트의 해당 값을 검사한다. 예를 들어 앞의 절에서 살펴본 바와 같이 Age 필드는 1에서 20까지의 숫자 값을 갖는다(적절하게 다룬 20보다 큰 몇 개의 이상치와 함께). Coupons 필드에는 None 값이 하나만 있음 또한 확인했다.

특정 필드에 같은 값이 100% 반복되면, 분석 또는 시각화할 때 해당 필드나 데이터 포인트를 사용할 수 없게 된다. 즉, 이 조건은 어떤 필드의 값이 비어 있는 것과 같다.

Coupons 필드의 시각화된 값이 다음 그림에 표시된다.

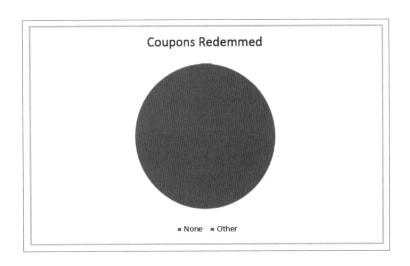

Coupons Redemmed

■ None ■ Other

다시 강조하건대 분석을 수행할 때 Coupon 필드를 무시할 수 있다. 사실 이 절 앞부분에서 설명한 예제에서 봤듯이, 필드 내 특정 값을 제외하는 것보다 필드 전체 값을 무시하는 편이 낫다.

파일의 크기를 줄이고 일부 디스크 공간을 절약하며 시각화에서 필드에 포함된 정보를 실수로 사용하지 않도록 하기 위해 파일에서 해당 필드 또는 데이터 요소는 제거하는 것이 좋다.

다음 파이썬 스크립트를 사용해 데이터에서 특정 필드를 제거할 수 있다. 앞서 방법과 같이 소스 파일의 각 레코드를 필드별로 읽거나 다시 쓰면서 Coupon 필드를 건너뛰기만하면 된다.

```
# --- Coupon 필드를 삭제한 원 파일로부터 새로운 파일을 생성한다.

import csv
with open('SlotsResults_dropped_coupons.csv', 'w') as csvfile_o:
    fieldnames = ['Location','Denomination','Month','Weekday','Type','Theme','Ag
    e','Promotion','Weather','Coin-in']
```

```
with open('SlotsResults_larger.csv') as csvfile:
    reader = csv.DictReader(csvfile)
    writer = csv.DictWriter(csvfile_o, fieldnames=fieldnames)
    writer.writeheader()
    for row in reader:

# --- Coupon 필드를 제외한 필드를 작성한다.

        writer.writerow({'Location': row['Location'],
                        'Denomination? row['Denomination'],
                        'Month': row['Month'],
                        'Weekday': row['Weekday'],
                            'Type': row['Type'],
                        'Theme': row['Theme'],
                        'Age': row['Age'],
                        'Promotion': row['Promotion'],
                        'Weather': row['Weather'],
                        'Coin-in': row['Coin-in']
                        })
```

이미 이를 짐작했을 것이다. 다시 한 번 이전 절에서 사용한 것과 같은 파이썬 스크립트를 사용해 데이터에서 Coupons 필드를 삭제한다.

(이번에는 쿠폰 필드에 대한 참조를 제거하기만 하면 된다).

더 보기

처음에 관심을 두지 않을지도 모르는 필드(또는 해당 레코드)를 추가로 삭제하는 것을 고려하기를 권한다. 이는 처리 성능을 향상하고 디스크 저장 공간을 절약한다.

데이터 프로파일링을 하면서, 날씨 데이터 포인트가 항상 거의 덥고 건조한 것으로 나타났을 때(특히 라스베이거스, 네바다 날씨!) weather 필드가 별로 유용하지 않으므로 해당 필드를 삭제할 수 있다. 특정 분석 수행에서는 요일이 중요할까? 혹은 월로 충분할까?

고려해야 할 전략 중 하나는 원래의 빅데이터 원본에서 여러 개의 특별히 중요한 파일을 생성하는 것이다. 즉, 특정 시각화 또는 프로젝트에 사용할 데이터만 포함하는 파일을 생성하는 것이다. 이 항목에 관한 자세한 내용은 다음 절에서 다룬다.

▍ 더 많은 예제

효과적인 빅데이터 통계 프로젝트는 다루고자 하는 문제의 정의에 기반을 둬야 한다. 다시 말해 데이터 원본의 크기를 줄이거나 모집단 크기를 줄이는 것은 장점이 있다. 데이터를 관리하고 조작하는 것이 더 효과적이며, 이를 통해 정확하고 의미 있는 결과를 도출할 수 있다.

모집단을 표본 추출하거나 정의하는 과정으로 물리적으로 처리하거나 만지는 데 필요한 데이터의 양을 줄일 수 있다. 이를 통해 CPU 사이클을 절약하고, 무엇보다 시간을 절약할 수 있다. 이는 빅데이터 원본에서 흔히 행해지는 노이즈 제거 작업cutting through the clutter or noise이라고도 할 수 있다.

특정 빅데이터 프로젝트와 관련해 모집단을 정의하는 것은 단순히 읽은 레코드를 삭제하거나 특정 레코드 하위 집합을 임의로 선택하는 것이 아니다. 이를 이해하는 것이 중요하다.

7장의 앞 절에서 언급한 것을 다시 상기해보자.

효과적인 빅데이터 전략은 특정 목적이나 상황에 맞는 파일을 생성하는 것일 수 있다.

이 생각을 다른 수준으로 옮기면 특정 목적에 초점을 맞춘 모집단을 정의할 수 있다. 이 모집단은 의미가 있거나 목적에 맞는 어떤 방식으로든 정의될 수 있다.

빅데이터 원본에서 사용할 수 있는 모든 정보를 처리하기에 시간과 비용이 부족하기 때문에 실제로는 해당 모집단의 대표적인 표본(또는 하위 집합)을 찾는 것을 목표로 한다. 해당 모집단은 이해하고자 하는 특성을 가진 모든 데이터를 포함하는 것으로 정의할 수 있다.

게임 데이터 샘플을 사용해 이 개념을 살펴보자.

주제별 모집단

슬롯머신을 디자인할 때 게임 머신 제조업체는 인기 있는 문화나 흥행 중인 영화, TV 쇼 및 기타 아이콘에서 종종 영감을 얻는다. 플레이어가 이러한 테마와 관련 있는 머신을 사용하기를 원할 가능성이 높기 때문이다.

특정 빅데이터 프로젝트에서 특정 유형의 슬롯 머신 테마에 관심을 갖고 있다고 가정해 보자. 실제로 프로모션이 없는 한 호러 테마에 기반한 슬롯 머신은 평균 coin-in 합계 이하이며, 이는 1달러 미만의 슬롯 머신에만 해당한다고 가정한다.

데이터 과학자로서 첫 번째 걸음은 앞의 설명을 기반으로 프로젝트 모집단을 정의하는 것이다. 사용 가능한 게임 데이터에 관한 고도의 지식을 바탕으로 적절한 데이터 프로파일링 세션에서 수집해 다음 그림과 같이 데이터 필드 또는 관측값 즉 명칭과 테마, 수준을 사용해 모집단을 정의할 수 있다. 앞서 모집단 정의를 기반으로 다음과 같은 파이썬 스크립트를 작성해 샘플 모집단을 생성할 수 있다.

Measure	Value(s)
Denomination	Dime, Nickel, Penny, Quarter, Two Cent
Theme	Horror
Promotion	None

앞서 정의한 모집단을 기반으로 샘플 모집단을 생성하기 위해 다음의 파이썬 스크립트를 작성할 수 있다.

```python
# --- Denomination과 Theme, Promotion을 기반으로 모집단의 표본을 생성한다.

import csv
with open('SlotsResults_larger_new.csv', 'w') as csvfile_o:
    fieldnames = ['Location','Denomination','Month','Weekday','Type','Theme','Ag
    e','Promotion','Coupons','Weather','Coin-in']

    with open('SlotsResults_larger.csv') as csvfile:

        reader = csv.DictReader(csvfile)
        writer = csv.DictWriter(csvfile_o, fieldnames=fieldnames)

        writer.writeheader()

        for row in reader:

# --- if 구문에 or, &, 조건들을 사용해 작성한다.

            if ((row['Denomination']=='Dime') or
            (row['Denomination']=='Nickel') or \
              (row['Denomination']=='Penny') or (row['Denomination']=='Quart
              er') or \
              (row['Denomination']=='Two Cent')) and (row['Theme']=='Horror')
              and (row['Promotion']=='None'):

                writer.writerow({'Location': row['Location'],
                            'Denomination? row['Denomination'],
                            'Month': row['Month'],
                            'Weekday': row['Weekday'],
                             'Type': row['Type'],
                            'Theme': row['Theme'],
                            'Age': row['Age'],
                            'Promotion': row['Promotion'],
                            'Coupons': row['Coupons'],
                            'Weather': row['Weather'],
```

```
        'Coin-in': row['Coin-in']
    })
```

집중의 철학

훨씬 다각적으로 광범위하게 초점을 맞춘 빅데이터 원본에서 더 작은 사이즈의 데이터 서브셋을 생성하려는 아이디어는 새롭거나 특히 혁신적이지 않다. 관계형 데이터베이스는 특정 용도에 초점을 맞춰 최적화된 데이터베이스 내의 데이터의 부분 또는 조각의 뷰를 작성한다.

이 아이디어는 눈앞에 펼쳐진 시골 풍경의 전경을 확대하기 위해 쌍안경을 사용하는 것과 비슷하다.

이 둘은 같은 개념이다.

▌ 요약

7장에서는 이상치가 무엇이고 이상치를 다루는 방법을 논의했다. 또한 빅데이터 프로젝트에서 확인한 이상점을 해결하는 도구로 파이썬을 소개했다.

8장에서는 빅데이터 운영 지능과 스플렁크를 사용해 빅데이터에 기본 분석 및 시각화 기술을 적용할 때의 과제를 다룰 것이다.

빅데이터 운영 인텔리전스 구축하기-스플렁크

데이터의 가치를 발견하기 위해서는 우선 빅데이터 기본 분석과 시각화 기술 적용의 어려움을 이해해야 한다. 8장에서는 스플렁크를 사용해 운영 인텔리전스을 확보하고 빅데이터를 평가하기 위한 솔루션을 만들어보는 실제 사례를 제공한다.

8장에서 다루는 내용은 다음과 같다.

- 스플렁크 정보
- 스플렁크와 빅데이터
- 스플렁크 시각화 – 실시간 로그 분석
- 스플렁크 시각화 – 로그 더욱 자세히 살펴보기

▌ 스플렁크란?

스플렁크^{Splunk}는 2003년 처음 소개됐으며 빅데이터를 누구나 쉽게 접근하고 사용할 수 있도록 하고자 개발됐다. 빅데이터는 웹사이트, 서버, 애플리케이션, 네트워크, 모바일 장치 등 다양한 소스로부터 생성되며, 클라우드 기반뿐만 아니라 다양한 환경을 구축할 수 있다.

스플렁크는 표준 명령줄 또는 웹 기반 인터페이스(도구에 액세스하고 사용하기 위해 무거운 클라이언트 애플리케이션을 설치하지 않아도 됨을 의미한다)에서 실행되며 이력 데이터와 실시간 데이터를 대규모로 고속 인덱싱한다.

 이제 스플렁크 Cloud 서비스에 가입, Amazon Web Services에서 호스팅되는 전용 스플렁크 배포판을 구해보자.

스플렁크는 데이터 원본을 복원할 필요는 없지만, 데이터 원본의 인덱스 정보를 포함한 압축된 사본을 저장해 데이터 원본을 삭제하거나 이동 또는 제거를 가능하게 한다. 그런 다음 그래프, 보고서, 경고, 대시보드를 효율적으로 생성하고 세부적으로 시각화할 수 있는 검색 가능한 저장소를 활용한다.

스플렁크의 주요 제품은 Splunk Enterprise와 Splunk Cloud다. Splunk Cloud는 성능 향상을 위해 C/C와 파이썬을 사용, 개발됐으며 기능과 효율성을 최대화하기 위해 자체 SPL을 활용한다.

표준 설치 프로그램을 사용해 가상머신 또는 모든 컴퓨터에 스플렁크를 설치할 수 있다. 설치 시 외부 패키지가 필요하지 않으며 기본 설치 디렉터리는 c:\Program Files\Splunk다. 설치가 끝나면 설치된 경로 내 README 파일인 splunk.txt를 확인해 방금 설치한 빌드 버전과 최신 온라인 설명서의 위치를 확인할 수 있다.

http://docs.splunk.com에서 스플렁크 제품과 관련 정보를 읽거나 오프라인에서 읽고 프린트할 수 있는 PDF 형식으로 다운로드할 수 있다. 또한 더 많은 참고 자료 열람을 위해 Splunk Splexicon을 즐겨찾기하는 것이 좋다. Splexicon은 스플렁크의 기술 용어 온라인 포털이다. 모든 정의에는 스플렁크 설명서 관련 링크가 포함돼 있다.

스플렁크와 빅데이터

스플렁크는 여러 장치 및 애플리케이션에서 거의 모든 형식의 빅데이터를 포함한 데이터를 읽을 수 있다.

스플렁크의 강점은 빅데이터나 특정 데이터 형식을 처리하기 위한 별도의 특수 구문 분석이나 적용을 해야 하지 않고 데이터를 OI 또는 운영 인텔리전스로 변환할 수 있다는 점이다. 스플렁크가 어떻게 작동하는지 살펴보자. 스플렁크는 내부 알고리즘을 사용해 새 데이터와 새 데이터 원본을 효율적으로 자동 처리하는 방법을 학습한다. 스플렁크가 새로운 데이터 유형을 인식하면 이를 스플렁크에 다시 인식시킬 필요가 없어 시간 절약이 가능하다.

스플렁크는 로컬뿐만 아니라 원격 소스로부터의 데이터를 수집하며 이를 통해 클라우드 기반의 빅데이터 활용이 가능하다.

이제 다량의 운영 데이터를 다룰 때 스플렁크를 사용할 수 있는 몇 가지 예를 생각해보자.

▌ 스플렁크 시각화–실시간 로그 분석

엔터프라이즈 애플리케이션은 실시간으로 로깅 또는 메시징 데이터를 연속해 생성하므로 담당자는 이 정보를 검토해 사용자 활동, 애플리케이션 이벤트, 애플리케이션 내 처리 성능을 모니터링할 수 있다. 이 데이터를 이해할 때 장점을 열거하면 다음과 같다.

- 메모리 또는 공간 사용량을 모니터링하면 관리자가 사전 예방 조치를 취할 수 있고 애플리케이션이 중단되기 전에 문제를 해결할 수 있다.
- 애플리케이션 성능의 추세를 파악하면 허용 수준을 초과하기 전에 성능 저하를 일으키는 충돌이나 오류를 담당자가 해결할 수 있다.

애플리케이션 서버 로깅 정보를 사용해 성능을 향상하고 애플리케이션에 관한 지원 수준을 무한히 높일 수 있다.

이제 기업은 비즈니스에 관한 풍부한 지식 또는 비즈니스 내에서 발생하고 있는 데이터의 미개척된 자원이 애플리케이션 로깅이라는 사실을 깨닫고 있다. 올바른 접근 방식으로 애플리케이션 로깅 데이터를 사용함으로써 비즈니스 문제를 해결하거나 특정 비즈니스의 목표를 지원할 수 있다.

그럼에도 이 애플리케이션에서 기록한 정보를 사용하려면 조직에 로그 관리 전략LMS, Log Management Strategy이 있어야 한다.

LMS는 보통 다음과 같이 구성된다.

- 로그, 감사 레코드, 감사 추적, 이벤트 로그 등의 컬렉션
- 중앙 집중식 로그 집계 및 색인 생성을 위한 일반적인 방법
- 로그 정보의 장기간 저장과 보존을 위한 기능
- 로그 로테이션 기능 (또는 보존된 로그의 전체 크기를 제한하며 최근 이벤트의 분석을 허용하는 것)
- 저장 후 실시간 대량 로그 분석
- 로그 검색과 보고

이 첫 번째 예에서는 스플렁크를 사용해 다양한 애플리케이션 로그 파일에 포함된 정보의 분석, 검색, 보고를 수행해보자.

▌ 스플렁크로 모니터링하기

스플렁크로 모니터링을 시작하거나 실제로 스플렁크로 거의 모든 작업을 수행하려면 어떤 유형의 데이터를 피드해야 한다. 스플렁크가 데이터를 인식하면 즉석에서 색인을 생성해 이를 검색하고 분석 목적으로 사용할 수 있다. 이 시점에서 데이터는 스플렁크 이벤트로 변환됐다.

스플렁크는 모든 IT 스트리밍, 시스템 및 히스토리 데이터를 효율적으로 처리한다.

웹 서버 로그를 비롯해 MS 윈도우 이벤트 로그, 웹 서버 로그, 실시간 애플리케이션 로그, 네트워크 피드, 시스템 메트릭, 변경 모니터링, 메시지 대기열, 아카이브 파일 등을 스플렁크를 사용해 쉽게 모니터링할 수 있다.

다음은 스플렁크로 빅데이터 모니터링을 시작하는 단계다.

- 빅데이터 또는 빅데이터 원본에서 스플렁크 지정하기
- 빅데이터/데이터 원본(이는 스플렁크의 데이터 입력이 된다)에 관한 세부 정보 제공

그런 다음 스플렁크는 빅데이터/데이터 원본을 인덱싱하며 검색 가능한 이벤트로 변환한다. 그러면 빅데이터를 검색하고 모니터링할 수 있다.

스플렁크 지정하기

스플렁크 인스턴스에 로그인해 splunk cloud의 ACCESS INSTANCE를 클릭한다.

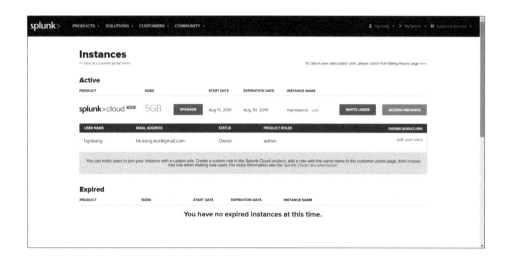

설정, 데이터 추가를 클릭한다.

데이터 추가 화면에서 **업로드**를 선택한다.

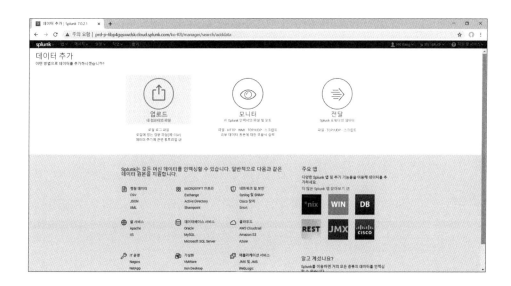

샘플로 제공한 tutorialdata.zip 파일을 선택하고 **다음**을 클릭한다.

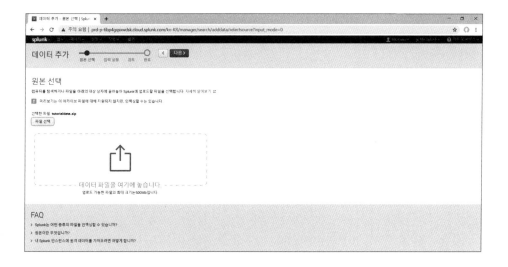

스플렁크의 입력 설정 페이지에서 Source type, Host, 인덱스를 지정할 수 있다.

Source type 매개변수는 스플렁크가 모든 입력 데이터에 할당하는 기본값 중 하나다.

이 매개변수는 스플렁크에 어떤 종류의 데이터가 있는지 알려주므로, 스플렁크는 인덱싱 중에 데이터를 적절하게 포맷할 수 있다. 모니터링하기 원하는 애플리케이션 로그 파일이 여러 개의 폴더에 저장되므로 로그 파일의 원본 유형을 지정할 수 있으며 이를 통해 입력되는 모든 로그를 빠르고 유사하게 정리하고 인덱싱할 수 있다.

기본적으로 스플렁크는 원본 유형을 '자동'으로 설정하므로 알려진 Source Type을 선택하거나 새 유형을 생성할 수 있다.

새로운 원본 유형을 추가하면 다음 그림과 같이 다음 로깅 폴더를 추가할 때 다시 선택하기 쉽다.

 폴더를 추가할 때 원본 유형을 설정하는 것을 잊었다면, 후에 다시 돌아와서 원본 유형을 변경할 수 있다.

입력 설정을 검토하고 선택하기를 완료하면 다음 그림과 같이 **검토**라는 버튼을 클릭할 수 있다.

그런 다음 스플렁크는 사용자가 검토하기 위해 설정한 원본의 세부 사항과 함께 다음 그림을 표시한다.

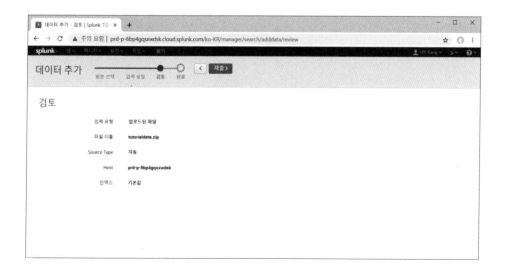

마지막으로 **제출**이라고 표시된 버튼을 클릭한다.

다음 페이지와 같이 이제 스플렁크를 사용해 애플리케이션 로그 빅데이터를 시각화할 준비가 됐다.

스플렁크에서 다섯 개의 모든 TM1 서버 로깅 폴더를 가리키고 각 폴더를 같은 Source type으로 설정하면 해당 단일 원본 유형을 사용해 검색을 수행할 수 있으며, 스플렁크는 모든 폴더의 모든 데이터를 단일 입력으로 간주한다.

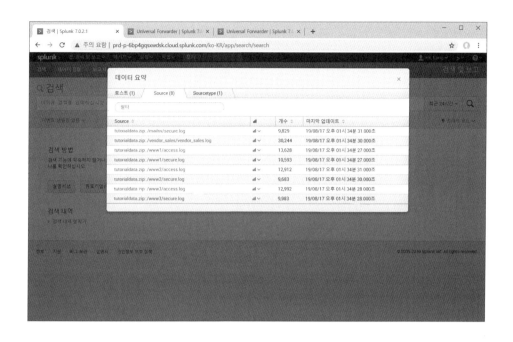

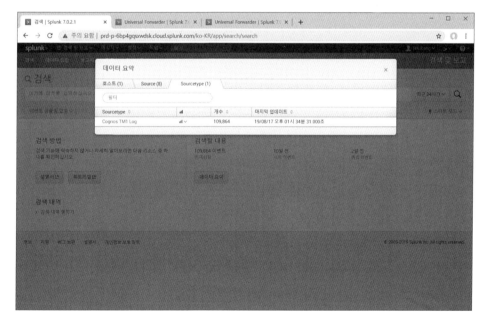

간단한 스플렁크 검색으로 이 문제를 해결해보겠다.

스플렁크 Search 페이지에서 다음과 같이 간단히 입력할 수 있다.

이렇게 하면 같은 원본 유형을 가진 스플렁크에서 현재 인덱싱된 모든 데이터를 검색하고 찾아낸 많은 트랜잭션이나 이벤트를 나열한다.

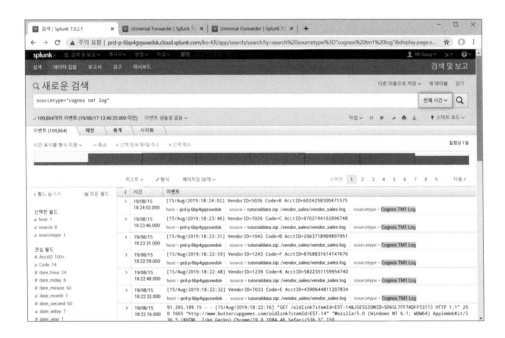

이제 조금만 검색해보자. 원래의 검색을 다음과 같이 수정한다.

---

sourcetype="Cognos TM1 Log" date_month=february

스플렁크에 2월에 발생한 이벤트만 반환하도록 할 것이다.

웹 서버에 "8월 한 달 동안 error가 몇 번 발생됐습니까?"라는 질문을 할 수 있다.

이제 스플렁크 검색을 다시 변경해 'error'라는 문구에 관한 참조를 포함할 수 있다(별표는 문자열의 문자수를 무제한으로 일치하는 와일드 카드 문자로 사용된다).

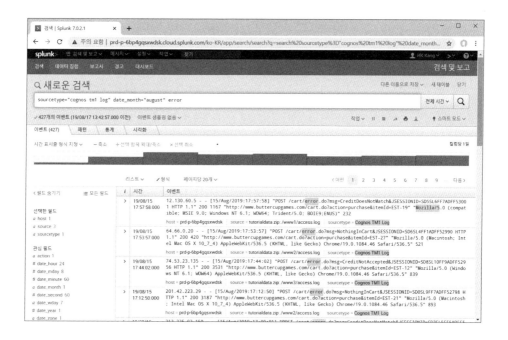

이제 스플렁크는 데이터 원본 내에서 일치하는 427개 항목 또는 이벤트를 반환한다.

웹 서버에서 8월 한 달 동안 427번 에러 페이지가 호출됐다는 것을 알 수 있다.

스플렁크로 그 정보를 시각화할 수 있을까? 고맙게도 이는 매우 쉽다.

검색 페이지에서 **시각화** 탭을 클릭하자.

그런 다음, **피벗**을 선택한다.

시각화에서 데이터의 모든 필드를 사용하는 것을 고려하는지 물을 것이다. 지금은 **모든 필드(21)**라고 표시된 옵션 버튼을 선택하고 **확인**을 누르자.

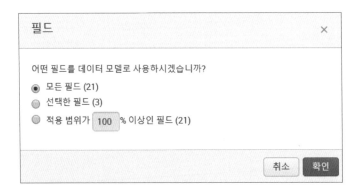

스플렁크 새 피벗 페이지의 필드 대화상자에서 OK를 클릭하면 스플렁크가 시각화에 기반이 되는 피벗 테이블을 생성하는 데 사용할 **행 분할, 컬럼 분할, 컬럼 값**을 설정할 수 있다.

행과 열 설정하기

피벗의 행과 열로 사용할 데이터 필드를 선택하려면 **+** 버튼을 클릭한다. 그런 다음 스플 링크는 선택할 필드 목록을 제공한다. 행의 경우 date_month 필드를 선택할 수 있다.

필드를 선택하면 값에 대한 **레이블** 또는 캡션과 같은 관련 매개변수를 설정하고 시각화 내에 실제 숫자 값을 표시할 수 있다.

열의 경우 다시 + 버튼을 클릭하고 date_mday를 선택할 수 있다.

마지막으로 다음 그림과 같이 **새 피벗** 페이지의 왼쪽에 있는 툴바를 사용해 스플렁크에 대한 시각화 유형을 선택할 수 있다. 여기서는 Area Chart(영역 차트)를 선택했다.

스플렁크를 사용해 8월에 발생한 에러 페이지 호출 수를 월별로 나눠 보여주는 첫 번째 빅데이터 시각화를 만들었다.

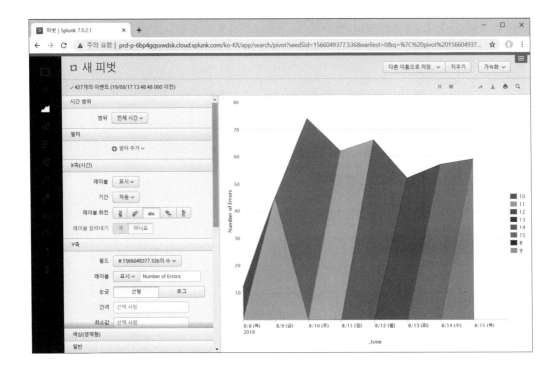

> ℹ️ 예를 들어 요일 표시 순서 변경, 기준선 추가, 색상 변경, 제목 추가 등과 같이 시각화를 향
> 상하는 다양한 방법이 있다. 시간을 내 여러 가지 실험을 해보기를 권한다.

아마도 이 정보에 대한 또 다른 뷰는 관리자에게 매우 흥미로울 것이다. **새 피벗** 페이지로
돌아가 **컬럼 분할**을 date_wday로 변경해보자.

그런 다음 시각화 유형으로 파이 차트를 선택하고, 다음 그림과 같이 매개변수 Field를 설정해 시각화에서 Color를 구동하고 레이블 또는 캡션을 추가하는 등의 작업을 수행해 보자.

시각화 결과는 다음과 같다. 이는 요일별 서버 종료 이벤트의 발생 빈도를 나타내며, 요일별 세부 정보를 제공하는 멋진 마우스 오버 팝업도 포함한다.

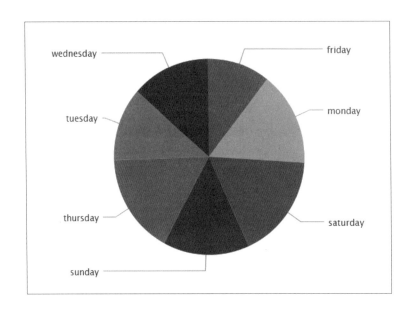

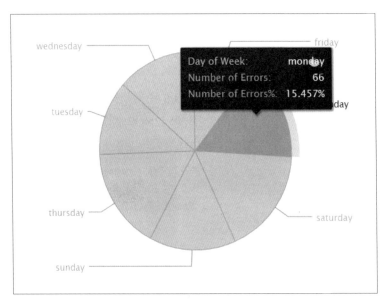

빅데이터 원본에서 생성한 모든 스플렁크 시각화는 동적 보고서 또는 스플렁크 대시보드 내에서 패널로 사용하거나 저장할 수 있다(자세한 내용은 8장의 뒷부분에서 다룬다).

스플렁크와 오류 처리

다시 한 번 말하지만 스플렁크로 오류 페이지 호출 현황을 손쉽게 모니터링할 수 있다. 예제를 살펴보자.

스플렁크 검색 페이지에서 다음을 사용할 수 있다.

source=* "error"

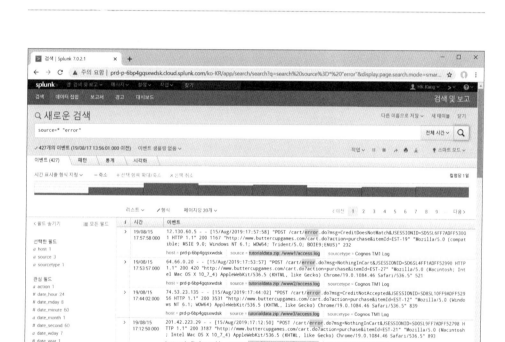

결과에서 페이지 왼쪽에 표시되는 **선택한 필드**를 확인한다.

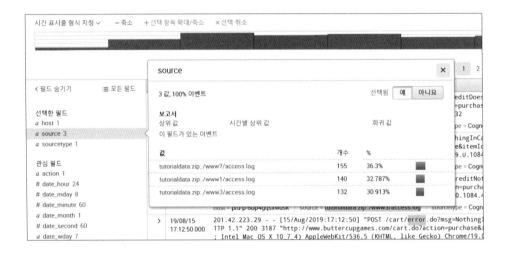

특히 **source 3**를 확인하자. 다음 그림과 같이 필드를 클릭하면 원본 필드의 세부 정보를 볼 수 있다.

웹 서버 3대에서 오류가 발생했음을 알 수 있다(3개의 www 폴더에서 "error"라는 문구를 확인할 수 있다).

이제 스플렁크가 빅데이터 원본에서 얻은 정보를 기반으로 빠르고 간단한 시각화를 해보자.

앞부분에서 설명한 것처럼 **시각화** 탭을 클릭한 다음 **피벗** 이미지를 클릭할 수 있다.

다시 한 번 말하지만 필드의 기본값인 '모든 필드(21)'를 유지한다.

이제 피벗 페이지로 돌아와서 시각화에 있어 원하는 값을 설정할 수 있다. **행 분할** 값으로 'source', **레이블**은 'TM1 Server', **컬럼 분할**은 'linecount'를 선택한다.

마지막으로 이번에는 시각화 유형으로 막대그래프를 선택했다.

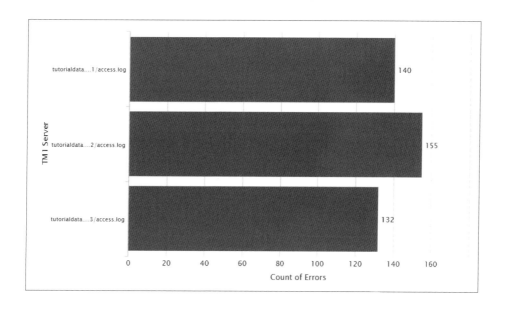

애플리케이션 관리자에게 이 시간의 동적 보고서 또는 대시보드는 매우 중요한 정보다.

여러 온라인 애플리케이션 서버에서 스플렁크를 사용해 생성된 이벤트를 모니터하는 예를 하나 더 살펴보자.

스플렁크 시각화-로그를 더 깊이 살펴보기

이번에는 새 필드를 추출해 시각화하는 예제를 살펴보자.

새 필드

데이터 원본을 설정하면 가능한 한 많은 필드를 추출해 분석 및 시각화에 사용할 수 있다. 물론 데이터에서 새 필드를 추출할 수도 있다.

우선 예제의 'LoadTimes.csv' 데이터를 추가하자.

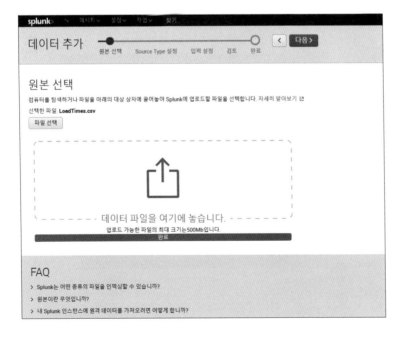

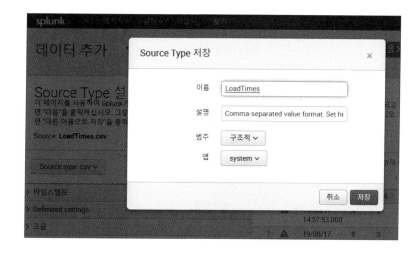

추가 필드를 추출하려면 스플렁크 검색 페이지로 이동한 후 다음을 수행해야 한다.

1. 왼쪽 하단의 **새 필드 추출** 링크를 클릭한다.

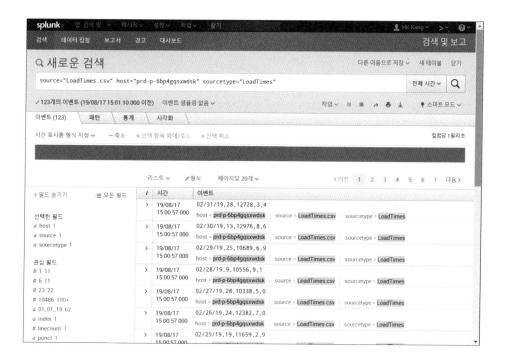

```
a  punct 1
a  splunk_server 1
a  timestamp 1

＋새 필드 추출
```

2. 거기에서 스플렁크는 **Extract Fields** 페이지에서 새 필드를 생성하는 절차를 안내
   한다. 첫 번째 단계는 스플렁크 원본 또는 Source type을 선택한 다음 **Next** 버
   튼을 클릭하는 것이다.

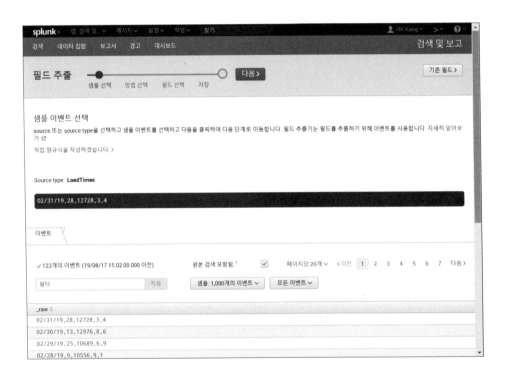

3. 여기에서 정규 표현식을 사용해 데이터를 새 필드로 구문 분석하거나 또는 추출하거나 구분 기호를 사용할 수 있다. 이 예제에서는 다음 그림과 같이 **구분자**를 선택하고 **다음**을 클릭한다.

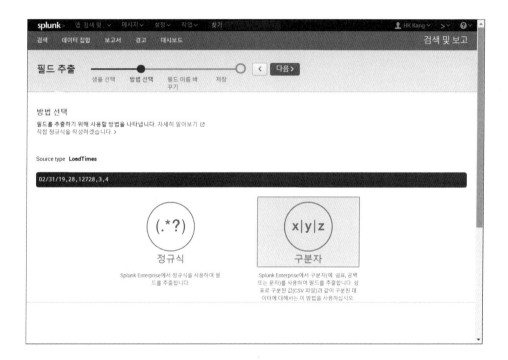

4. 다음으로 사용할 구분 기호(공백, 쉼표, 탭, 파이프 문자 또는 기타)를 선택한다. 예제 파일에서 구분 기호는 쉼표다. 다음 그림과 같이 **쉼표**를 선택하면 스플렁크는 즉시 데이터를 field1에서 field5로 식별되는 다섯 개의 필드로 구문 분석한다.

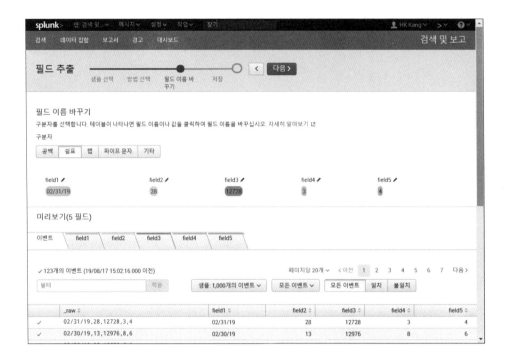

5. 각 필드의 오른쪽에 있는 편집 아이콘을 클릭해 이름을 변경할 수 있다.

6. 필드의 이름을 변경하면(즉, 새 필드 이름을 입력한 다음 Rename Field를 클릭하면) Run_date, Duration, Records_Read, Records_Loaded, Exceptions를 확인할 수 있다.

7. 모든 필드의 이름을 바꾼 뒤 **다음**을 클릭하고, **추출 이름**과 **권한**을 지정한다.

완료! 이제 새로운 빅데이터 시각화를 만들기 위해 새로운 필드를 사용할 준비가 됐다.

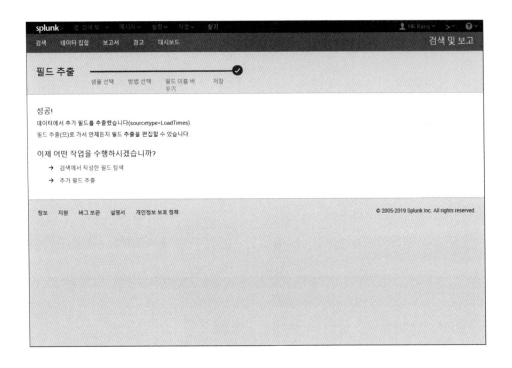

예를 들어 Run_Date 필드를 사용해 간단한 검색 구문을 구성하고 2019년 1월에 발생한 모든 데이터 로드 이벤트를 검색할 수 있다.

```
sourcetype=LoadTimes Run_Date=01/*/19
```

---

sourcetype=LoadTimes는 검색을 단일 입력 소스로 제한하고, 새로 추출된 Run_Date 필드를 참조해 관심 있는 항목만 표시하도록 검색 범위를 좁혀준다.

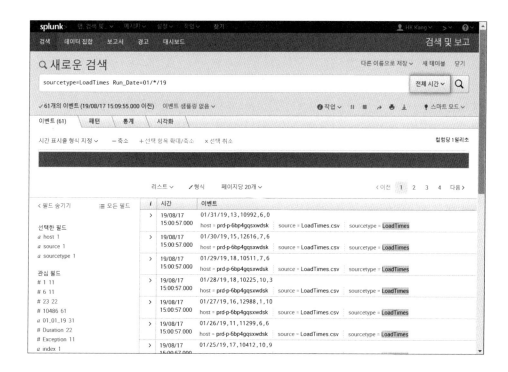

앞서 설명한 것처럼 **시각화** 탭을 다시 클릭 후, **피벗**을 클릭한 다음 모든 필드를 선택한다. **피벗** 페이지에서 **행 분할**에 Run_Date를, **컬럼 분할**에 Run_Date를 선택할 수 있다. **컬럼 값** 항목을 Duration의 합으로 설정한다.

새 피벗　　　　　　　　　　다른 이름으로 저장... ∨　　지우기

✓ 61개의 이벤트 (19/08/17 15:10:46.000 이전)　　　　　　　Ⅱ ■

필터　　　　　　　　　　　　　　　　**컬럼 분할**

전체 시간　✎ +　　　　　　　　　Run_Date　✎ +

행 분할　　　　　　　　　　　　　　**컬럼 값**

Run_Date　✎ +　　　　　　　　　Duration의 합　✎ +

Run_Date ⇕	01/01/19 ⇕	01/02/19 ⇕	01/03/19 ⇕	01/04/19 ⇕	01/05/19 ⇕	01/06/19 ⇕	01/07/19 ⇕	01/08/19 ⇕	01/09/19 ⇕
01/01/19	19								
01/02/19		54							
01/03/19			36						
01/04/19				37					
01/05/19					24				
01/06/19						58			
01/07/19							33		

마지막으로 시각화 유형으로 열 차트를 선택할 수 있다. 라벨과 캡션 사용으로 2019년
1월의 일일 데이터 로드 프로세스의 실행 시간을 보여주는 꽤 훌륭한 시각화 결과물을
얻을 수 있다.

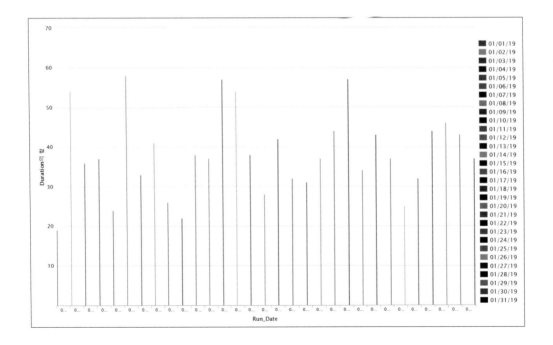

한 단계 더 나아가 스플렁크 대시보드를 저장해보자.

다른 이름으로 저장이라는 메뉴를 클릭한 다음 **대시보드 패널**을 선택하면 된다.

대시보드 패널로 저장 대화상자에서 새 대시보드 제목을 지정하고, 다른 사용자와 대시보드를 공유할 수 있도록 적절한 액세스 권한을 설정할 수 있다.

다음 그림과 같이 대시보드가 생성되면 이를 알려주며, 대시보드를 확인하려면 View Dashboard를 클릭한다.

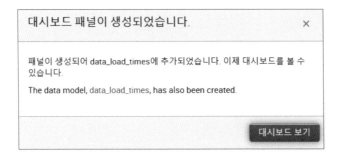

드디어! 스플렁크의 빅데이터 대시보드가 완성됐다.

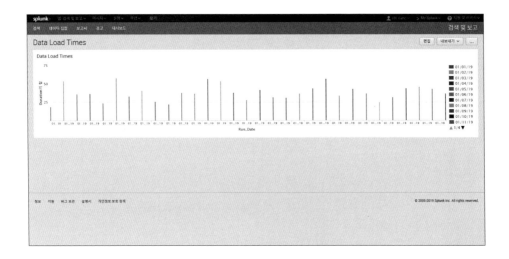

대시보드에서 전년도 1월의 실행 시간과 비교하기를 원한다면 여러 가지 방법이 있지만 일반적으로 다음과 같은 방법을 선택할 것이다.

1. (앞서 완료한 2019년 1월 검색과 유사하게) 검색을 다시 생성한다.

2. (2019년 검색과 마찬가지로) 새로운 검색 결과를 사용해 시각화를 생성한다.

3. 2019 열 차트에서 했던 것과 같이 새 시각화를 대시보드 패널로 저장한다.

대시보드 편집

새 대시보드 패널을 저장한 후에는 대시보드를 다시 열고 **편집**이라고 표시된 페이지 오른쪽 상단의 **메뉴 항목**을 클릭한다.

다음으로 **+ 패널 추가** 버튼을 클릭한다

패널 추가 대화상자가 나타난다.

패널 추가 대화상자에서, 새 패널을 생성하려면 **새로 만들기**를 선택하거나 기존 리포트 또는 미리 생성된 패널을 사용할 수 있다. 여기서는 앞서 생성한 패널을 사용한다. **대시보드에서 복제**를 클릭하면 선택할 수 있는 대시보드 패널이 나열된다.

앞서 설명한 패널 생성 절차에 따라 2019년 2월 조회 조건으로 Feb 2019 Data Load Times라는 이름의 패널을 생성해보자. 생성한 패널을 선택하고 **대시보드에 추가** 버튼을 클릭하자.

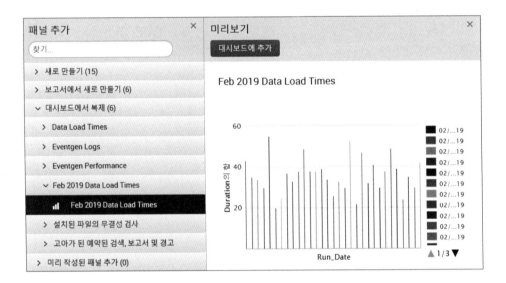

다음은 두 개의 패널로 구성된 빅데이터 대시보드다.

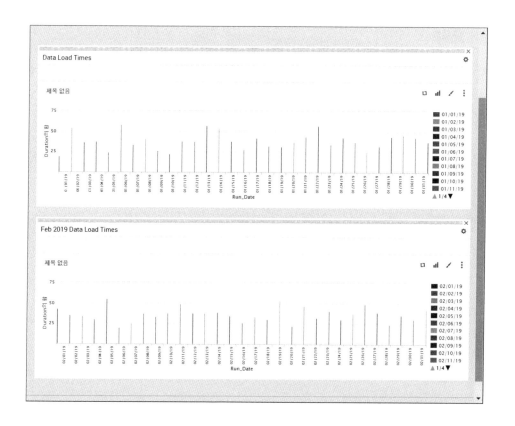

대시보드 더 알아보기

스플렁크에서 대시보드는 뷰의 유형으로 설명할 수 있으며, 앞서 생성한 두 개의 단순한 패널로 뷰를 구성했다. 대시보드를 간단하고 직관적으로 만들 수도 있고 반대로 매우 복잡하고 정교하게 만들 수도 있다. 복잡한 작업을 쉽게 하기 위해 스플렁크는 대시보드의 뼈대 작업을 시작할 수 있는 대시보드 편집기를 제공하고, 다양한 방법으로 대시보드를 변형할 수 있는 도구를 제공한다.

▌ 요약

8장에서 스플렁크의 정의와 빅데이터의 가치를 어떻게 활용할 수 있는지 간단히 살펴 봤다. 스플렁크를 사용해 웹 서버 로그 파일을 검색한 후 시각화하는 여러 예제도 살펴 봤다.

8장에서 제시한 예제는 현실적이지만 이를 수행하는 것은 간단한 작업이었다. 물론 이 책에서 다루지 않았지만, 스플렁크는 많은 강력한 함수와 기능을 제공한다.

온라인 스플렁크 커뮤니티에 가입하기를 권한다. 매우 훌륭한 커뮤니티다. 또한 『Mastering Splunk』(Packt, 2014)를 포함한 이미 유용한 스플렁크 책이 출간돼 있다. 찾아보기 바란다.

| 찾아보기 |

빅데이터 시각화

하둡, R, D3.js, 태블로, 파이썬, 스플렁크로 배우는 빅데이터 시각화

발 행 | 2020년 1월 2일

지은이 | 제임스 밀러
옮긴이 | 최 준 규 · 강 형 건

펴낸이 | 권 성 준
편집장 | 황 영 주
편 집 | 조 유 나
디자인 | 박 주 란

에이콘출판주식회사
서울특별시 양천구 국회대로 287 (목동)
전화 02-2653-7600, 팩스 02-2653-0433
www.acornpub.co.kr / editor@acornpub.co.kr

한국어판 ⓒ 에이콘출판주식회사, 2020, Printed in Korea.
ISBN 979-11-6175-370-6
http://www.acornpub.co.kr/book/big-data-visualization

이 도서의 국립중앙도서관 출판시도서목록(CIP)은 서지정보유통지원시스템 홈페이지(http://seoji.nl.go.kr)와
국가자료공동목록시스템(http://www.nl.go.kr/kolisnet)에서 이용하실 수 있습니다.(CIP제어번호: CIP2019046148)

책값은 뒤표지에 있습니다.